気になる「アソコ」に行ってきた!

風俗マニアライターズ編
Edited by Fuzoku Mania Writers

彩図社

はじめに

風俗ライターという職業柄だろう。取材はもとより、プライベートでもフィールドワークと称して、全国の風俗店で遊んでいる。そのため、どうやら他人と比べると、ひと味違ったアダルトな体験をしているらしい。つまり、一般的には特殊と思われるエロい体験をしているようだ。「らしい」、「ようだ」と書いているのは筆者にとっては日常的なことであり、〝特別なこと〟という実感がないからだ。

しかし、冷静に考えてみると、たしかにスタンダードなデリヘルで遊んだ翌日に女装プレイや幼児プレイを嗜む者はマレであろうし、相手も極上の美女やセクシー女優だけではなく、熟女はまだしも元男性や女装をした青年だったり……と改めて挙げてみて実感した。

「やはり、普通ではないのだな」

また、そんな風俗店に行った話をすると多くの人が興味深く聞いてくれることにも気が付いた。中には「楽しそう」という人もいるので、「それならば行ってみてはどうか？」と返すと「いやぁ～」と尻込むばかりである。それでも聞きたいという雰囲気が伝わってくる……。

そこで、筆者は思った。それならば、我々がご案内しようではないかと。

〝我々〟というのは筆者が主宰する風俗ライター集団『風俗マニアライターズ（通称F．M．W）』である。今回は筆者の他に亦滑訓仁《またなめのりひと》、三戸玲《みとれい》、関西在住の女性ライターである河合《かわい》レン、四国支部のHくんぺいの5名が本書に参戦。風俗店だけではなく、行きたくてもなかなか行くことができない。だけど、少しがんばれば行くことができる。皆さんにとって気になるアダルトな、時にはエロ過ぎる淫靡なスポットにも潜入している。

コンセプトになっているのは〝アダルト（大人）なトリップ（旅）〟で『アダルトトリップ』（本当は書名にしたかったのだが却下された……）。大人の世界のエッチなガイドブックとでも申したらいいだろうか。紹介しているのは『る○ぶ』や『ま○ぷる』といったガイドブックには載っていない、いや、載せることができないスポットばかりだ。中には性癖的に不快感を覚える表現やお見苦しい写真もあるかもしれない。それでも少しでも興味がある方にとっては刺激的な気になる〝アソコ〟に潜入してきたと自負している次第である。

と、前置きはこのくらいにしておく。それでは、しばしの間、我々風俗マニアライターズがご案内するトリップにお付き合いいただければ幸いだ。

それでは、出発しよう。大人の気になる〝アソコ〟へ……。


（風俗マニアライターズ主宰・子門仁《しもんじん》）

気になる「アソコ」に行ってきた！　目次

※取材店舗のデータは２０１９年８月現在のものです。

【第一章】気になるオトナの″アダルトリップ″

【憧れのあの人に会える店】
ＡＶ女優風俗に行ってみた！

男の夢の一つに「ＡＶ女優とエッチをする」というものがあると思います。

お気に入りの女優さんを男優さんのようにヒ～ヒ～、アンアン言わせたい！　そんな願望は男であれば誰しも一度は抱いたことがあるのではないでしょうか？

しかし、ＡＶ男優への道は狭く険しく、ましてや女優さんと個人的に知り合うなんて夢のまた夢……などと諦めるのはまだ早い。実は「ＡＶ女優とエッチをする」という夢はけっこう簡単に叶います。そう、ＡＶ女優が在籍する風俗に行けばいいのです。

●ＡＶ女優キャストは高いのか？

ＡＶ女優さんの中には、副業として風俗で働く女性もいます。いまのご時世、ネットを駆使すれば様々な情報が手に入ります。憧れの女優さんが身近なお店で働いていた、なんてこと

だって充分にあり得るのです。

しかし、ですよ。そこで気になるのが、料金です。AV女優＝有名人ですので、料金が通常よりも高く設定されていたとしてもおかしくありません。

実際、自分のお目当ての女優さんを調べてみると、吉原のソープランドに在籍していました。そのお店はいわゆる高級店で、入浴料金が90分で大4枚……。そのほか、サービス料がかかるので、総額だとかなりの金額になります。風俗マニアライターズの某先輩から「それだったら自腹だからな！」と言われたので断念せざるを得ません。

すると、主宰の子門仁氏が「デリヘルであれば、ソープランドよりも低予算だ」と言い出しました。そういえば、都内にAV女優在籍デリヘルというものがあったな……と、検索して驚きました。いわゆる単体女優で有名な女優さんとなると値段が〝ASK〟なのです。つまり、要問合せということで、高級寿司店における時価みたいなものです。巷の噂では誰もが知っている有名女優さんとなると3ケタ万円にもなるそうです。そんなの絶対に無理ですって！　それに……デリヘルですと、いわゆる、その……あの……AVの作品のようなフィニッシュは無理じゃないですか？　風俗にはルールというものがあり、それを守ってこそ楽しく遊ぶことができる、ということが我々風俗マニアライターズのポリシーじゃないですか？

すると、先輩団員の亦滑さんが「ようはAV女優さんと作品のようにフィニッシュは〇〇したいんだろ？　でも、ＡＶだって〝疑似〟ばかりだぜ？　つまり、ヘルスと同じだ。だから三戸も同等だ！」と、ワケのわからないことをのたまっています。

筆者が困っていると、子門氏が「ＡＶ女優専門デリヘルでなくても、最近ではスタンダードなデリヘルに一般キャストとして在籍している女優さんも多いよ。まぁ、プレミアム料金で指名料が多少高くなるかもしれないけど」とアシストをくれました。このアイデアであれば夢が実現できるかもしれません。

●狙うべきは〝ＡＶ女優在籍店〟

調べてみると、都内が中心になりますが、かなりの数の〝ＡＶ女優在籍店〟がありました。ギャル系デリヘルのキャストの中にコッソリという感じで黒ギャル系女優として有名なＡさんが在籍していたり、熟女・人妻店に五十路女優のＢさんが在籍していたり……。しかし、そのような店の場合、ＡＶ女優キャストのスケジュールは要問合せになっているケースが多く、いわゆる名前だけを貸すダミー在籍のようです。

そんな中、自分がかつて熱中したあるＡＶ女優さんの名前を見つけました。肝心のスケジュールも要問合せではなく、細かく記載されています。追加指名料金なども明記されており、安心して遊べそうな雰囲気があります。ということで、この店に潜入することに決めました。

今回選んだお店は、恵比寿発の高級デリヘル『パリジェンヌ恵比寿本店』。

こちらに人気熟女AV女優の美《み》原《はら》咲《さき》子《こ》さんが在籍しているのです。高級デリヘルとは謳っていますが、価格はべらぼうに高いわけではなく、良心的なのも好ポイント。逆に「この価格でいいんですか？」と言いたくなってしまうほどです。

さて、今回は、せっかく憧れのAV女優さんと遊ぶのだから、サインとか欲しいじゃないですか？　そして、その女優さんにもイロイロとお話を伺いたいのでお店にアポイントメントを入れて、正攻法の取材で潜入を試みることにしました。

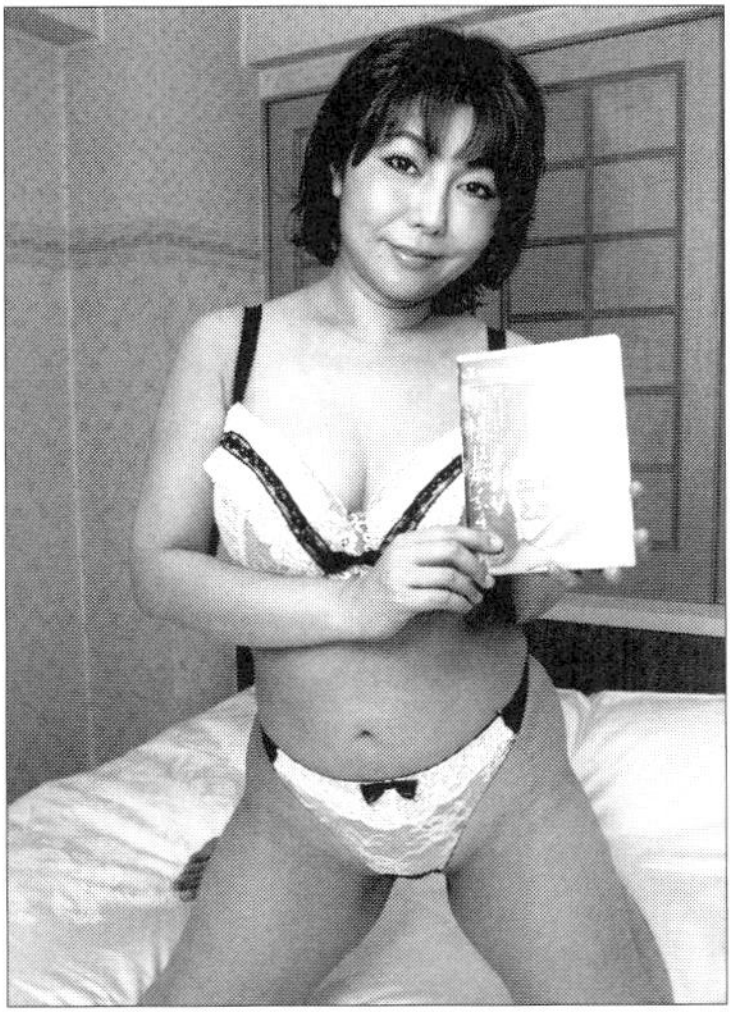
憧れのAV女優、三原咲子さん。本物です！

●憧れの美熟女AV女優とご対面

ホテルで待っていると、時間通りにやってきましたよ、咲子さんが。思わず、自分が「わぁ、本物だ！」と言うと、「ほとんどのお客様が、そう言われますね（笑）」とのこと。いや、そりゃそうですよ、作品の中でしか会えなかった美熟女が目の前にいるのですから。

それにしても……お会いする前は「男優のように咲子さんをリードしてやる！」とか「ガンガン攻めてやる！」と意気込んでいたのです。しかし、いざ御本人を目の前にするとド緊張で何もできないものですね。そんな自分を咲子さんは「緊張してるの？　可愛いわね（ニヤリ）。そんなに緊張しなくてもいいのよ、フフフ……」と妖艶な笑みを浮かべて見つめてきます。これはまさに作品で義理の息子の童貞を奪う時の目じゃないですか！

これが本物のＡＶ女優さんを相手にする感じなのかぁ～。思わずボ～ッとしてしまいましたが、いやいや、ここで感慨に浸っている場合じゃないのです。咲子さんも「そうよ、まだ何もしていないじゃない（笑）」ということでシャワーへ。ここで、憧れのナマ裸体を目の当たりにするわけですが、ほどよく熟れていて、むしゃぶりつきたくなります。そんな自分の興奮を察したのか「ベッドまで、お・あ・ず・け♪」とキスをされ、早くも昇天寸前です。

ベッドではデリヘルのルールにのっとった上で、咲子さんがリードすることに。まさか、作品で見ていた女優さんとディープキスができるとは！　さらには作品で見たのと同じエロい舌先で乳首舐め、全身リップを繰り出してくるとは！　思わず、「うっ！」と悶えてしまうと、「もう感じちゃってるの？」と咲子さん。しかも、「もうオチ◯チンの先からエッチな汁が出てるわよ？」と、さらにニヤリとされたら……自分、この時点で念願が叶ったといってもいいです。

そんな目で見つめられると…。もう、自分はたまりません！

もちろん、もっと咲子さんのテクニックを堪能したいのですが、ヤバイほど気持ち良くてもう我慢できません！

咲子さんの怒涛のような波状攻撃をなんとか耐えきると、ついにフェラタイムがやってきました。股の間に入って、見つめながら舐め始める咲子さん。嬉しいのだけど恥ずかしくて思わず目をそらすと、「ちゃんと見なさい」と痴女っぽい口調で、より目ヂカラを増させて見つめてきます。この角度の顔、作品で見たなぁ～……なんて余裕をかませたのは一瞬のこと。ジュボジュボと激しく貪るようなフェラを仕掛けてきて……ヤバイ！　イクッ！　そう思った瞬間にフェラスピードを緩める咲子さん。この緩急を使い分けたフェラって、いろいろな作品で披露していたものじゃないですか！　何度もイキそうになっては止められ、まさに寸止め地獄……いや、この気持ち良さは天国級です、確実に。

●天にも昇る極上の素股テクニック

咲子さんの極上テクはまだまだ続きます。何度目かのディープスロートで堪えきれずに発射してしまうと、咲子さんは「まだまだイケるでしょ？」とニヤリ。萎みかけていた愚息を握り、またがり、シコシコしてきたのです。いわゆる騎乗位素股です。発射直後ではありましたが、先ほどの〝残り汁〟をローションのようにしてコネコネシコシコされたら、すぐにムクムクと元気になってしまいます。これがＡＶ女優のテクニックなのか！　思わず感動してしまいます。

筆者にまたがり、名ジョッキーのごとく腰を動かす咲子さん。下になっていて気付いたことがひとつ。咲子さんは素股の際に手の動きに合わせて腰をグライドさせるのですが、その時、筆者の腹部にかかる圧が、まるで騎乗位でアレをしているときの圧そのものなのです。そのリアルさは目を閉じていると「まさか？」とイケない想像をしてしまうほど。これはもはや素股を超えています。ネオ素股です！

目を開くと、咲子さんが自分の腹の上で踊るように腰を動かしています。このシチュエーションもどこかで見たぞ？　あ、そうか、カメラが男目線で女優さんを追うシチュエーション

持参したDVDのパッケージにサインをいただきました。一生の宝物にします！

の作品だ。そう思いつつ、こちらも下から突くように腰を動かし、童貞を奪われる気分で２度めの発射をしてタイムアップ。

　最後は身体を流してからシャワータイムへ。少し時間があるので咲子さんとバスタブでイチャイチャさせていただきます。そういえば、こんなシーンも義母系作品であったなぁ～……と思っていたら、下半身に何かが触れたのです。「今日はいかがでしたか?」と聞きながら湯の中で股間にタッチしてくる咲子さん。もちろん、最高という言葉しか浮かびません……。

　その妖艶な指先に誘われて思わず３発目をがんばってしまいました。ＡＶで例えるのであれば特典映像のようなものです。

　自分のイメージの中だけに存在していた憧れの女優さん。その実物に会えたということだけでも幸せなのに、実際に肌を合わせ、スペシャルなテクニックまで披露してもらえた。プレイの中で受けた技の数々、そしてそこで得たエクスタシーはまごうことなき現実であり、こうして原稿を書きながらいま思い返してみても下半身がアツくなります。イメージを超える風俗体験……、遊べるチャンスがあったら遊ぶべきです、AV女優キャストとは。

あ、そうそう、目的の一つであったサインもシッカリといただきました。「プレイが終わった後に、あの～って感じでおねだりされることが多いのよ（ニッコリ）」とのこと。咲子さん、ありがとうございました！

（三戸玲）

※取材協力『パリジェンヌ恵比寿本店』（東京・恵比寿発／デリバリーヘルス）

【オムツをはいた大きな赤ん坊】幼児プレイをやってみた！

風俗業界では、社会的地位が高い者ほどハマりやすいとされる〝2大〟プレイがある。それは『女装プレイ』と『幼児プレイ』だ。

2つのプレイに共通するのは、もうひとりの自分になれる点。プレイの最中は普段とは違った見た目や言動にならざるを得ない。非日常な世界を楽しむことができるのだ。

女装プレイについては、別の項目で扱っているので、本稿では『幼児プレイ』を取り上げてみようと思う。

●突然のご指名

「えっ、俺が行くの⁉」

本書執筆陣による振り分け会議で『幼児プレイ』が割り当てられたとき、正直、俺は「イヤ

東京有数の風俗タウン・池袋。デリヘルからソープまで多種多様な店がひしめき合う。

だな〜」と思ってしまった。だって、とにかく恥ずかしいじゃないか！　初めて会う知らない女の子の前でオムツ姿になるんだぜ？　絶対にイヤだ。そもそも、俺は社会的地位なんて高くない。そんなヤツが幼児プレイなんてしても、楽しくないって。

今回は潜入取材ではなく、アポ取りをしたうえでの正規の取材。編集部からの厳命でしっかり写真まで撮ってこなくてはならない……逃げられないじゃん！　もう観念しましたよ。

と、いうことでやって来たのは池袋のホテルヘルス『御奉仕関係〜淑女の秘め事』さんだ。池袋駅北口から徒歩数十秒という抜群の立地に受付があり、同地でかれこれ20年以上も営業を続けているという。

風俗業界は、古くなるとすぐに淘汰される、移り変わりの激しい業界だ。20年といえば老舗中の老舗。なにか秘訣があるから、それだけ長く続けることができるのだろう。

そう思いメニューを見せてもらうと、今回取材させてもらう『幼児コース』以外にも、『女装コース』や『痴女コース』、『淫ランジェリーコース』など、好奇心を刺激するプレイがシステム表に並んでいる。気になる『幼児コース』の価格は、基本コース（プレイ時間によって値段は変わる）にプラス２０００円で楽しめるという。

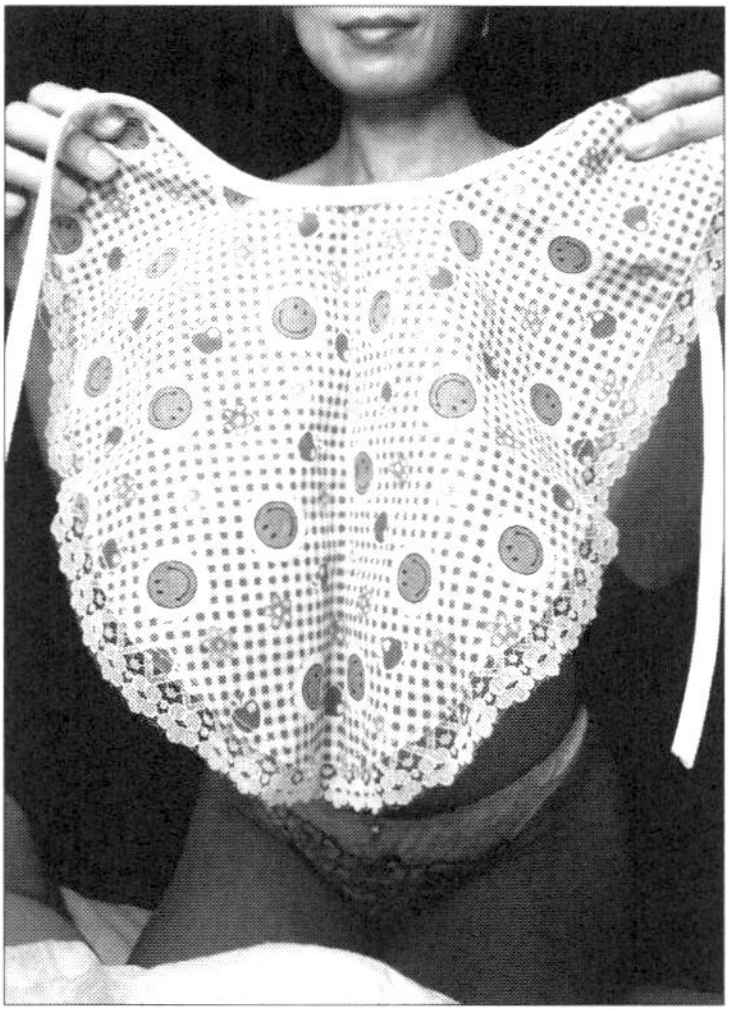

お相手してくれたSさん、スレンダーな美人ママだ

さっそく『幼児コース』を申し込んでみた。

●スレンダーな美人ママが登場

さて、同店はホテルヘルスなので、受付を済ませて近隣のホテルに向かう。

部屋で待っていると、やってきたのがSさん。アラフォー世代ながらもスレンダーで、ギャルっぽさもある美淑女だ。ラッキー！　思わず心の中でガッツポーズを取ったが、「俺はこの人の前でオムツを……」と考えると、恥ずかしさで気が重くなる。少し萎える。ま、萎えたところで俺のポコチンは小さいけど。

プレイの前にSさんに話を聞いてみる。女装プレイや幼児プレイを選ぶのは、やはり社会的な地位が高い人が多いのだろうか。

「『女装』は女装子《じょそこ》という言葉が定着していることもあるからか、若いお客様が多いですね。でも、たしかに幼児プレイは貫禄のある紳士タイプのお客様が多い気がしますね」

ということは、Sさんも大きな赤ちゃんをたくさんしつけてきたんでしょうか？

「外見的なこともあるんでしょうけど、実はあまり幼児プレイのオーダーを受けることがないんです。たぶんふくよかで、いかにも〝お母さん〟といったタイプのキャストさんの方が需要があるんでしょうね。でも、私がオーダーを受けたお客様に限って言えば、やっぱり会社では立場が高そうな人が多いですね。先日も、誰もが知っている食品メーカーの役員だというお客様もいらっしゃいました」

みなさん、どういう気分で幼児プレイを選ぶのだろうか。やはりマザコンが多い？

「それが不思議とそうでもないんですよ。私自身、つかみどころがないプレイって感じています（笑）」

ちなみにSさんご自身は育児経験をお持ちだそうだ。

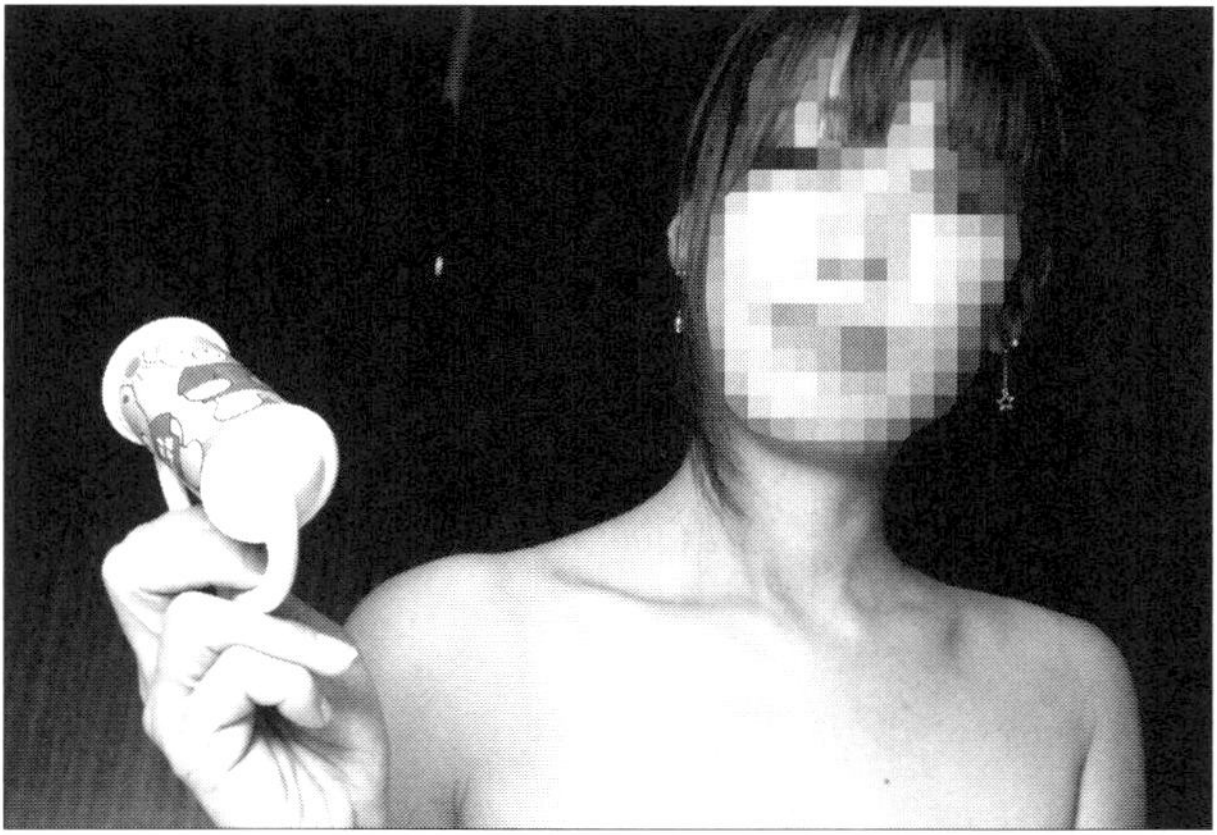
ガラガラなどの小道具を使うのも幼児プレイならでは…。

●あまりの恥ずかしさに赤面

話を聞いたところで、いよいよプレイ開始である。

最初は通常のプレイと変わらず、まずは2人でシャワーを浴びる。このとき「このように責められたい」「こんな言葉で叱られたい」など、プレイの希望を細かく伝えておくと、ベッドに移ってからの流れがスムーズになる。

が、なにぶん幼児プレイは初めてなので、希望もなにも皆目見当がつかない。こういうときはお任せするのが無難だ。その旨をSさんに正直に告げると「私も（リアル子育てをしていた）十数年前を思い出してがんばります」とニッコリ。大船、いや幼児プレイなので乳母車に乗ったつもりで、我が身を預けることにした。

ベッドに移ると、まず仰向けに寝かされた。

ちなみに、ここから俺は赤ん坊になるので、話せる言葉は「バブゥ～」のみ。さながら、某国民的アニメのイ○ラちゃんの心境である。加えてこちらは素っ裸。シャツとズボンくらいは着ているイ○ラちゃんの方がだいぶマシだ。

そんなことを考えてモジモジしていると、「オムツはきましょうね～」とSさんがあやすような口調で紙オムツをはかせてきた。大きさ的におそらく老人介護などに使われる大人向けオムツだろう。いわゆるチングリ返しの状態で、装着させられた。

俺も赤ん坊のころはこうやって数えきれないほどオムツを履かされただろうが、その時の記憶は一切ない。もちろん、大きくなってから自分の意思でオムツを履いたこともない。となると、感覚的には初オムツになるわけだが……、正直、ゴワゴワしており快適とは言い難い。続いて首によだれかけを付けられる。こちらはガッツリ幼児用なので、違和感が強い。

「あら、カワイイでちゅね～」

Sさんは赤ちゃん言葉であやしながら、化粧用のコンパクトで俺のいまの姿を見せてくれた。小さな鏡に映るのは、疲れた無精ひげのオッサン、そして小さなよだれかけ……そのアンバランスさがギャグにもならないほどヒドイ。せめてヒゲくらい剃ってくればよかった……。あまりの恥ずかしさに、全身が紅潮するほど赤面してしまった。

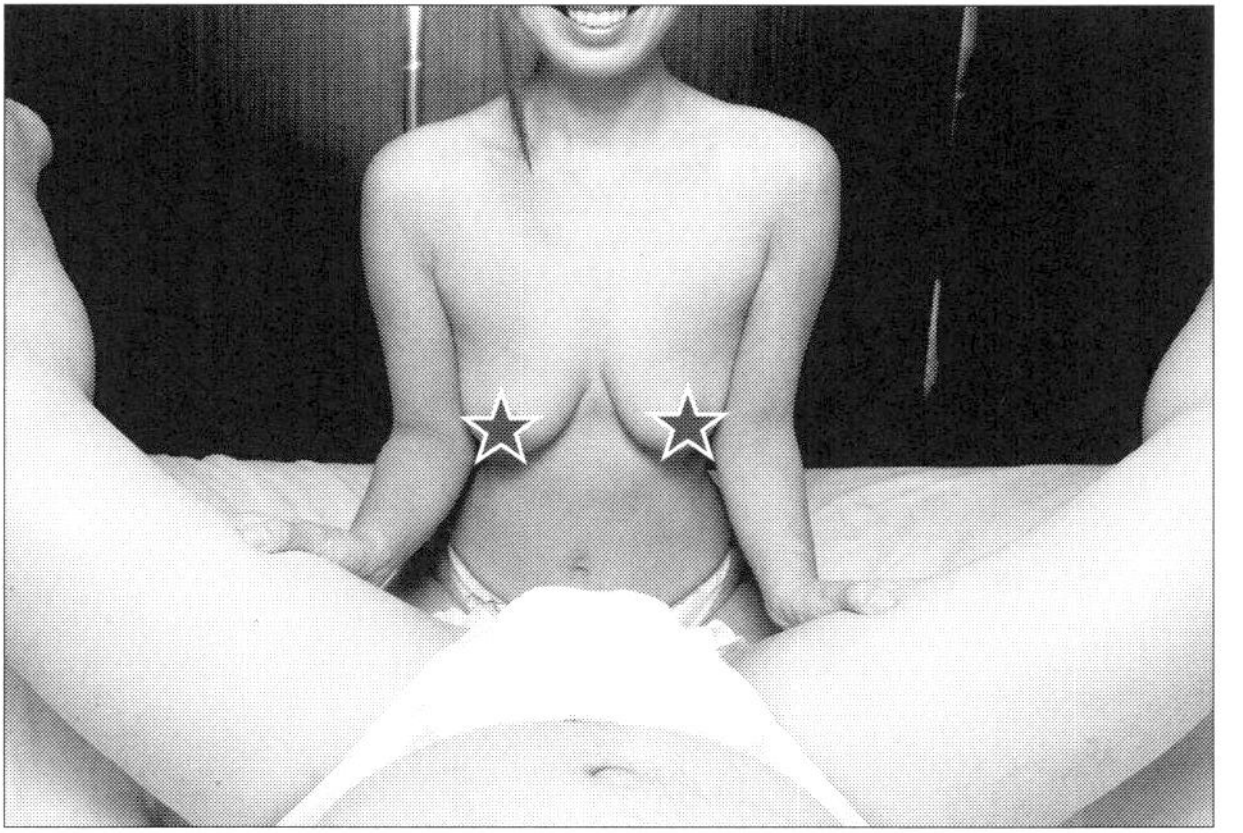

「悪い子でちゅね～」とオムツの上から責められる。新鮮な感覚だ。

●突然入ったイメクラ・スイッチ

さて、プレイ前の取り決めによって、最中は赤ん坊という設定なので「バブゥ～」という言葉しか発することができない。言い換えるならば、それはすなわち、こちらは「バブゥ～」の一語のみで意志の疎通を図らなければならない、ということである。

「気持ちいいでちゅか～？」

たとえば、オムツの上からガラガラでさすりながら聞かれて、気持ちいいのであれば「バブゥ～」。

「もうイキそうでちゅか？」

ガラガラで激しくこすられ、まだ大丈夫なときも「バブゥ～」。

いずれの「バブゥ～」も精一杯の意思表示

を込めて発声したが、その本意がSさんに伝わっているかといえばどうだろう？　「バブゥ～」だけで喜怒哀楽を自在に表現できるイ○ラちゃんの声優ってスゲェな、などと感心していたら股間を快感が襲った。

Sさんが俺の「もうイキそうです！」との意思を込めた「バブゥ～」を勘違いして、「あらぁ？　この子、もっと気持ち良くなりたいのね？」と、紙オムツの中で俺のガラガラを直にイジリはじめたのだ。ガラガラからはガマン汁が溢れ出し、ローション代わりになる。その心地よさに思わず「あ～、気持ちイイ……」と漏らしてしまったら、「ダメでちゅよぉ」と〝おしゃぶり〟を咥えさせられてしまった。

その瞬間、俺の中でスイッチが入った。

イメージプレイで何を措いても守らなければならないことは、「なりきる！　やりきる！」ということである。

たとえば、学園プレイで学生と女教師という設定であったら、学生になりきる。具体的には自分が学生だったころの記憶を手繰り寄せて演じ切る。逆に男性教師と女生徒という設定だったら、自分に教壇に立った経験がなくても、「中学の先生にこんなヤツがいたな」などと思い出し、それをプレイに再現するのだ。

しかし、幼児プレイは正直それが難しかった。もちろん俺だって赤ん坊だったころはあるんだが、なにせ記憶にない。だから、イメージがつかめず、なかなかプレイに乗れなかったのだ。

が、おしゃぶりが状況を一変させた。

言葉で説明するのは難しいが、おしゃぶりを咥えさせられた瞬間に、感覚的なものをつかめたというか、俺なりの赤ん坊像が見えてきたのだ。

●エポックメイキングな射精体験

おしゃぶりを咥えて「バブゥ～」と言いながら、無心で手足をバタバタさせる。気分は完全に赤ん坊である。俺が赤ん坊に成り切るのを待っていたのか、オムツに差し入れられたSさんの手の動きが激しくなる。

そして……、頭の中に電気ショックのような衝撃が走り、オムツの中に発射してしまった。

尿と精子の違いはあれど、オムツの中に〝おもらし〟をしてしまったという事実は変わらない。

これまでありとあらゆる風俗で多種多様な射精をしてきたが、その何とも似ていないエポックメイキングな感覚。その後、Sさんに「あらぁ～、おもらししちゃったんでちゅね～」とお掃除フェラをしていただいたが、その感触を覚えていないほど、おもらしのインパクトがデカかった。

もしかしたら、このオムツ内おもらしこそ、究極のカタルシスなのではないか？

だからこそ、オトナほど幼児プレイにハマるのではないか？

そういう面から考えれば、幼児プレイに社会的地位の高低など関係ない。紙オムツをはかされて、赤ちゃん言葉であやされる……そんなシチュエーションを恥ずかしがれる羞恥心があれば、大いにハマれるプレイではないだろうか。

酸いも甘いも味わい尽くしたオトナだからこそ楽しめる。それが俺の幼児プレイ初体験の感想である。

（亦滑訓仁）

※取材協力『御奉仕関係～淑女の秘め事』（東京・池袋／ホテルヘルス）

【一度は行ってみたい男の憧れ】超高級ソープに行ってみた！

筆者は風俗マニアライターズの主催者であり、一応、風俗ライターである。

なぜ〝一応〟とことわりを入れたのか。

それは、いわゆる専業ライターではないからだ。

筆者が物書きの仕事を始めたのは、いまから四半世紀以上前のこと。しばらくの間は、放送作家兼ライターとして活動していたが、紆余曲折あって、現在は一般企業に籍を置き、貿易関係の仕事に従事している。お堅い仕事ゆえに風俗ライターであることは秘中の秘。どこから漏れるかわからないので、仲の良い同僚にも話しておらず、社内では風俗経験はあるけど、いたって普通のオジサンで通っている。

さて、そんなお堅い会社なのだが、ボーナスの時期になると男性社員の間でこんなつぶやきが聞かれる。

「今回は1回の高級店にするか？　それとも複数回の大衆店（格安店）にするか？」

ようはボーナスで遊ぶソープランドで迷っているのである。

ご存知の方も多いかと思うが、ソープランドはかかる費用によって、高級店、中級店、大衆店（格安店）の3つのカテゴリーに分かれている。高級店が2時間で大6枚以上だとすると、大衆店は60分コースで大1・5枚程度。高級店で満足度の高い1発か、それとも格安店で数をこなして満足度を高めるか。風俗版の〝究極の選択〟と言えるだろう。

先日、ボーナス日を目前に同僚がそんな話をしていた。そして、筆者に話を振ってきたが、普段は真面目で通っているためにこう答えた。

「せっかくならば1度の〝超〟高級店に行ってみては？」

ボーナス期かどうかなんて本当は関係ない。「一生に一度くらいは超高級店にいくべき」というのが、筆者の本音である。

●超高級店の定義とは？

そもそも超高級店とはどういう店を指すのか。

ソープランドの聖地、東京の吉原では、高級店と呼ばれる店でだいたい120分で大7～8枚が相場。つまり、それを超える2ケタ万円の店が超高級店ということになる。

日本一のソープランド街・吉原。現在でも約140店舗のソープランドが営業する。

ちなみに筆者のソープランドデビューは20歳のころ。学生の傍ら、放送作家の見習いをしていたことはすでに述べたが、当時、放送業界はバブル真っただ中で、番組の打ち上げで連れて行ってもらったのが、吉原の芸能界御用達の店だった。入浴料はプロデューサーが奢ってくれた（ま、どうせ経費だろうけど）のでわからないが、芸能界御用達なので安いことはないだろう。その頃はあまり経験がなく「これがソープってやつか」くらいの感覚だったが、今になって思えばそれこそ大10枚以上の超高級店だったのではないか。

また、筆者はプライベートでも超高級店で遊んだことがあり、大衆店にもよく足を運んでいる。

超高級店と格安店は何が違うのか。

本当に大10枚を払う価値があるのか。

それらの答えを探るために、改めて超高級店と大衆店の両方に潜入してみた。

ちなみに今回、潜入した超高級店は指名料を含めて、１００分で総額大11枚。格安店は40分で大1枚以下という価格である。

●超高級店vs大衆店〜待合室編

まず、超高級店は入り口からして違う。ベタといえばベタであるが、天井にはキラキラと輝くシャンデリアがぶら下がっており、まるで高級ホテルのような佇まい。入り口というよりもエントランスと表現したくなる。

これは〝高級ソープランドあるある〟であるが、待合室に続く廊下でコケそうになる。廊下に敷かれた絨毯（カーペット）の毛足が長すぎて、スリッパ歩行だと足が取られるのだ。注意しないといけない点である。

そして、待合室であるが、こちらも天井からシャンデリアが吊るされていて豪華絢爛な空間になっており、椅子も本革張りのフカフカなものが多い。最近では、高級店の中にもあえて装飾を廃し、白を基調としたインテリアでまとめているような店もあるが、座り心地の良いソファを置いている店がほとんどだ。そして、仕立ての良いスーツに身を包んだボーイさんが飲

入浴料が書かれた看板(本文とは関係ありません)

み物のオーダーをとりにくる。ソフトドリンクだけではなく、ビールやワインといったアルコールを置いてあるところもある。もちろん、その後のことを考えると深酒は控えたいが、リラックスするためであれば、軽くアルコールというのもアリだろう。

これが大衆店、格安店と呼ばれる店の場合はどうだろうか。

薄暗い蛍光灯が灯る部屋で、ビニール張りの長椅子に座らされることが多い。今回の潜入店もそうであった。ちなみに待合室がない格安店もザラで、筆者は受け付けスペースでパイプ椅子に座らされて順番待ちをさせられたこともある。また、出される飲み物も缶飲料であればまだしも、コップに白湯を注がれたことがある。もちろん、中華スープのパイタンではなく、単なるお湯の〝さゆ〟である。以上のエピソードから、個室でのサービス以前に格差が大きいことはおわかりいただけるだろう。

待合室で待っている他のお客さんはどうであろうか。

高級店では、まずジーンズをはいた客がいなかった。多くがスーツ姿か、それに準ずる服装だ。店にもよるが、暗黙の了解でドレスコードがある高級店も多く、Tシャツ、短パン、サンダル履きの客を断る店もある。また、近畿地方には30歳以上でジャケット、スラックス、革靴着用者しか入店できないソープランドもある。筆者は約20年前に30歳になった記念として、その店を利用したことがあるが、なるほどハードルを高くしているだけあるな……という充実度の高いサービスを受けることができた。一方、大衆店は……潜入時に客が筆者しかおらず確認できなかったが、おそらくジャージ姿でも文句は言われないだろう。

●超高級店VS格安店〜プレイ編

待合室を観察していると、ほどなくして準備が整い、部屋に呼ばれる。

高級店では入り口のカーテンを開けると、ドレス系のコスチュームに身を包んだ泡姫が三つ指をついて待っていた。年齢は20代前半だろうか。「子門様、本日はよろしくお願いいたします」と落ち着いた口調で挨拶をしてきた。若いながらもしっかりとした大人の女性の雰囲気をかもし出しているな、というのが筆者の感想である。

筆者がベッドサイドに座ると、泡姫は目の前に来て再び三つ指をつき改めて挨拶。そして筆者に背を向けると「下ろしてくださるかしら？」とドレスのファスナーを下ろすように促した。ストンとドレスが落ちて、高そうなランジェリー姿が露わになる。この瞬間が実にドラマチックであった。

続いて筆者が服を脱がされる。泡姫は衣類を手際よく丁寧にたたむと、筆者の腰にタオルを巻いてパンツを脱がせてくれた。そして、そのまま即尺へ。さらには彼女がまたがってきて1回戦。そしてコトが終わってお風呂へ……という流れだ。

ここまでの一連の流れが大衆店であればどうだろうか？

待合室で待っていると準備ができたらしく、「〇〇号室へ行ってください」と店員に声をかけられる。泡姫の出迎えはない。指定された部屋に入ると、いかにもギャルといった感じの泡姫がダルそうに「いらっしゃい」。続けて「時間がないから早く脱いで」ときたものである。泡姫はすでに脱いでおり、即尺はなく、即シャワーへ。こんな感じであった。

話を高級店に戻す。バスルームは広々としていて、バスタブは海外の映画やドラマに出てくるような四方が猫足式になっている上品なデザインのものだった。まずは身体を洗ってもらうのだが、泡だらけの身体を密着させての泡踊りはもちろんのこと、くぐり椅子を使ったり、壺洗い、たわし洗いといったソープランドならではのテクニックを披露。一度、一緒にバスタブに入ってからは潜望鏡で元気にしてもらい、先に湯から出た泡姫がマットの用意をして「どうぞ！」と手招きをした。ここからはソープランドの醍醐味の一つであるマットプレイに突入である。ローションまみれになりながら筆者の身体の上を縦横無尽に滑り抜けていく若き泡姫……。導かれるままに2回目のコトを終えた。

しかし、大衆店だとこうはならない。ここ最近、激安を謳う大衆店が増えているが、価格を抑えた分、時間は短めということが多い。その結果、マットプレイを省略。はなからマットを置いていない店も増えているように感じる。これは時間短縮だけではなく、昨今の若い女性が奥の深いマットの技術の習得を面倒くさがっているから、という関係者の談。つまり、コトを済ませるにはベッドだけでいいということだろう。それではソープランドの醍醐味は味わえない。昨今、ソープランドは客離れが叫ばれているが、本来のソープのサービスを期待していたユーザーが離れていくのも無理はないだろう。

超高級店でのお風呂後のこと。時間はまだ十分に余っていたが、すでに2回戦を済ませていたこともあって、筆者はリラックスムード。泡姫は急かすこともなく、イチャイチャする感じで寄り添ってきた。「まだ時間があるから、ゆったりしていってくださいね」という言葉も添えて……。四十路を過ぎた読者の方であればよくわかると思うが、人間、年を重ねると回復力が弱まってくるもの。泡姫のさりげない気遣いに身も心も癒されていく。

その後、筆者は泡姫の丁寧な愛撫で復活し、そのままベッドタイムに突入した。このベッドがまたフカフカで、泡姫が上になると〝ズン！〟という感じで、奥深くまで入り込むような感触が最高で、ディープに女体を堪能することができた。

さて、大衆店では風呂場から早々に出される。そして、すぐ目の前のあるベッドに「時間がないから早く乗って！」と急かされた。「乗って」というのはベッドの上なのか？　女体なのか？　絶妙なダブルミーニングに戸惑いながらも、ベッドに仰向けに寝転がる。

ベッドといっても、病院の診察室に置かれている巨大なベンチのようなアレ。少しばかりのスポンジの表面に合皮を張っただけの粗末なベッドの上にタオルを敷いただけのシロモノだ。

部屋も狭いので湿気がこもっており、独特な臭いの中でコトに至ることになる。思わず萎えそうになるが、ここまで1度も発射していないので、すぐにスタンバイOKになってしまうのが悲しい男の性《さが》。時間が短いこともあってか、終始せかせかしており、言葉が悪いがちょんの間のように思えてきた。

●本物を知ることが風俗繁栄につながる

以上、あくまで筆者の感想ではあるが、超高級店と格安店を比較するとこのような差がある。

もちろん、サービスの受け取り方には個人差があるので、人によっては超高級店でも「こんなものなのか？」と感じるかもしれない。

そういう人にもひとつ言えるとするならば、高級店になればなるほど泡姫が若くなる傾向があるということだろう。それこそ筆者世代になると、自分の娘よりも若い泡姫が出てきたりもする（もっとも筆者は独身だが……）。うら若い泡姫を相手に3度もコトに至れるというのは、普通に生きていればまず起こり得ないこと。喜ばしいのと同時に、罪悪感すら抱いてしまった。

もっとも、大衆店でも〝当たり〟を引く可能性がないわけではない。「こんな経験ができるのか！」といった嬉しいハプニングに遭遇することもあるだろう。

しかし、筆者の個人的な経験に基づく統計では、そうしたケースはごくマレである。

ソープランド本来の良さ、醍醐味を味わいたいのだったら、高級店の方がいい。

近頃、若い世代で風俗離れが進んでいるとされているが、その背景には〝本物〟を知らないということもあるのではないか。日本の風俗文化を次代に受け継いでいくためにも、まずは現役世代の我々が本物を知る必要があるように思うのである。

（子門仁）

【男子禁制、話題の新感覚風俗店】

女性専用風俗に行ってみた！

●主催者からの緊急調査司令

先日、風俗マニアライターズのリーダーである子門仁氏より、いきなり電話がかかってきた。

そして、開口一番に「女性のキミにしかお願いできない案件がある」と言ってきた。

あ、本題に入る前に少しばかりウチの自己紹介というか身の上話を。

ウチは風俗マニアライターズ唯一の女性ライターであり、関西在住。年齢は書きませんが、数年前まで大阪の某風俗店のキャストでした。いろいろな縁があってライター稼業を始めまして。今は育児休暇中ということで、仕事はセーブ気味なんやけど……子門氏はそれを知っているはずなのに、いったい、何やねん？

案件の内容は「女性専門風俗店に潜入してほしい」とのこと。

いわゆる体験取材ってやつやん！

いや～体験取材、嬉しいわぁ～！

と、いうのも、ウチは女性で風俗ライターを名乗って仕事をしているけど、やれることは限られてくるんや。キャスト時代の経験を活かしたテーマのコラムとか、キャストさんへのインタビューとか。

でも、風俗サイトを見ると、体験取材ってメッチャ重要やん？　お店のサービス内容を知ることができるのはもちろん、それを見て指名をされるってことも多いねん（実証済）。だけど、キャストさんが女性なので、女のウチはお呼びでないことがほとんど。だから今回、この大役を仰せつかり、光栄なのよ♪

●まずは男性相手の女性専用風俗へ

と、浮かれているのも束の間。『女性専門風俗店』というものがあるんや～、と思ったのが最初の感想。ウチはキャストとして風俗業界に携わっていたけど、どんな業態のお店があるのかとかには疎いのよ。

それで『女性専用風俗』を調べてみたら、大まかに分けて2種類あることがわかった。

ひとつは男性が相手になってくれるパターン。

もうひとつは女性が相手になってくれるパターン。

まぁ、それぞれ、なんとなく内容はわかるけどな。それで、ウチはどちらを体験してくれればエエの？　すると、子門氏からの返答は「両方！」やった。経験値が上がるから、これはありがたい！

そうとなると、まずはオーソドックス……といってエエのかわからんけど、男性が相手をしてくれる風俗店やな。調べてみると、主に都内ばかりで関西となると店の数がグッと少なくなる。そして基本的には出張型のお店ばかり。……これって、もしかして『出張ホスト』というやつでは？

そんな疑問を持ちつつ、電話をしてみる。

まず好みのタイプを聞かれたので痩せマッチョと答える。次に希望の年齢層を聞かれたので、せっかくやから20代前半の若めの男のコを希望した。あとは利用ホテルが決まったら、もう一度、電話すればデリバリーされるとのこと。

と、ここで最初の問題が発生。

ホテルは決まってなくて、大まかにミナミエリアと伝えたんやけど、風俗で利用するってやっぱりラブホテルやろ？　あの〜……女がひとりでラブホに入るのって、めっちゃ恥ずかしいんやけど！　いや、ホンマに恥ずかしいわぁ。っていうか、入れへん！

後で聞いたら、男性も「初めてデリヘルを使う時に先にひとりでチェックインするのに抵抗があった」って言ってたけど、女子の場合、それ以上だと思う。

結局のところ、シティホテルのデイユースプランを使ったんやけど、ラブホの1・5倍の価格って感じかしら？　それに、シティホテルの場合、後からもうひとりが入室するのって、ホテルによっては止められたりして、いろいろと面倒くさいことが多い。それでも、女ひとりでラブホよりは……って感じでチェックイン。店に電話したら30分くらいでやってきたで、キャスト（男性でもそう言うのかしら？）さんが。

●ジョリジョリヒゲの男性キャスト

たしかに痩せマッチョやし、本人いわく、「25歳です！」ということやけど……顔がなぁ～。まぁ、ウチの好みじゃないってことで。

でも、萎えるわぁ～。

そういえば、ウチもキャスト時代に顔が好みじゃないからとキャンセルされたことがあった。そのときは「なんやねん！（怒）」って感じだったけど、いまはその気持ちも良くわかるわ。「プレイ中は部屋を暗くするからエエやん！」なんて押し切ったこともあったけど、やっぱりイヤやったろうな～。

で、部屋に招き入れると2人でシャワー。彼が身体を洗ってくれるんやけど、ぶっちゃけ胸

ご存知、大阪の道頓堀。ラブホテルはここから少し行った日本橋周辺にたくさんある。

の洗い方とか荒くて痛いし、母乳が出てきて驚かれるしで、思わず「自分で洗います」って言ってしまった。そして、ベッドでは……ここでフと気付いた。ウチは結婚して妊娠した時点で風俗業界から足を洗ったんやけど、それ以来、夫以外に裸を見せてない。不思議なもので、それ以前のキャスト時代は裸になることに抵抗がなかったのに……思わず、「部屋を暗くして」って言うてもうたわ。

さて、サービスだけど、まずはマッサージからスタート。ベッドにうつ伏せになって、タオルの上から指圧をされるんだけど、正直、まったく効いていない。風俗店ではなく、マッサージ店として営業しているらしいから、まあ大義名分というところやね。

事が発展したのが仰向けにさせられてから。

バストへのマッサージは完全に乳揉みやん！　そして、デコルテ部分への施術はフェザータッチで、気付けばアソコ周辺を……と、一事が万事、こんな感じや。

そして、突然、彼の顔がウチの顔に近づいてきて、耳元で「そろそろいいですか？」と囁いた。思わずうなずくと、唇を重ねてきた。最初は軽く合わせるだけ。そして、舌が入ってきたりと、徐々に激しくなってきたけど、アカン！　ヒゲがジョリジョリして痛いわ！　ちょっとカンベンしてほしいわ〜。

やっぱり、エッチにおいてキスって基本なのだろう。もしかしたら、女性特有の感覚かもしれんけど、キスがダメだったらあとのすべても……って感じ。一度、そう思ってしまったらバストをタッチされることにも抵抗感がでてきて、アソコを触れられるのなんて言語道断！　そんな感じになってしまう。

それと……これはウチが元風俗店のキャストだからこその感想かもしれんけど、「なんでお金を払ってまでオッパイを揉まれないとアカンの？」って思ってしまった（笑）。私がホストにハマるようなタイプだったら、貢いで枕にたどり着くって感覚が理解できるのかもしれんけど、わざわざお金を出して揉まれるっていうのもねぇ。正直、男性相手の女性専用風俗はウチにはあまりピンとこなかったわ。

●同性限定の女性専用風俗を体験

続いては女性が相手の女性専用風俗店やけど……これがまた軒数が少ない！　レア中のレアって感じやわ。それでも気になるお店をピックアップして予約の電話を入れてみた。

電話の受付スタッフも女性で、感じの良い受け答えでホッ！　好みのタイプを聞かれたけど、これは困る。だって、今まで好みの女性なんて意識したことないもの。それにサービス内容もイマイチわからないので「リード上手な方を……」とお願いした。

ルックスはお任せということにしたけど……やってきたキャストさんを見て驚いたわ。めっちゃキレイやし、坂道シリーズのセンター級といっても過言じゃないほどのルックスで、コチラの方が恥ずかしくなってくるほどやった。

部屋に入ってくるなり、彼女は「今夜はよろしくお願いします」と言ってキスをしてきた。思わずドキッとしてしまったわぁ。さらに見つめられて「こういうお店は初めて？　恐い？」なんて聞かれたら、さらにドキドキしてもうた。男の人も美人キャストさんに見つめられたら、こうなるんかな？

シャワーでは彼女が身体を泡だらけにして抱きつくようにして洗ってきた。見かけによらず巨乳さんで、Eカップもあるんやって。女のウチから見ても、いいオッパイやわ〜。

いわゆる泡踊りってやつだけど、「女性のカラダって、こんなに柔らかいの？」ってほど気持ちイイ～。とくにバックハグをされてEカップ乳が背中に当たった感触なんて……クセになるわぁ～。

もう一つ、「これは気持ちイイ！」と実感させられたのがキス！　潤いのある柔らかい唇がピタッと吸い付くように重なってきて、思わずトロ～ンとしてしまった。さらに、キスをしながら胸を揉まれたら……思わず、「あぁ～ん」と声を漏らしてしまったわ。そして……気が付けば、アソコも濡れていた。まだキスだけやで？　プライベートのエッチでもキスだけで濡らされたことなんてないのに……。

続けて全身リップに突入。キャスト時代は毎日のようにお客さんにやってあげていたけど、まさかこんなに良いものだったなんて。「もう乳首が勃ってるわよ」って笑われたときには、思わず胸の鼓動が高まるのがわかった。それからはもう、彼女の思うがまま。乳首を舐めながらアソコをフェザータッチされたり、乳首を軽く吸ったと思ったら急にペロリと舐めてきたり……身をよじって悶えてしまった。思わず濡れたし母乳も出てしまった（苦笑）。

●恥ずかしさと快感が入り混じる

正直、ウチは女性に体を触られても何も感じないと思っていた。そもそもレズビアンではないし、女性に触られたらイヤな気分になるんじゃないかとすら思っていた。でも、結果は……

近年マレに見る濡れっぷり、乱れっぷりやった。恥ずかしい……だけど、気持ちイイという感情が交互に胸に去来するのは新鮮やったわ〜。

今回の女性が相手の女性専用風俗店で気になっていたのがプレイの落としどころ……つまり、フィニッシュについて。男性だったら発射したら終わりでしょ？　だけど、女性の場合、発射はしないから（まぁ、潮は吹くけどね）どこで終わりになるんやろうか？　そう思っているうちに、彼女がバッグから何やら取り出した。電マやん！　アソコにあてられて、柔らかい唇でトロトロになるようなキスをされながら電マ攻めをされて、何度、「アカン、もうアカン！　イキそう！」って叫んでしまったことか……。

よく「風俗は非日常的なところが醍醐味」って男性が言うけど、レズっ気が一切ない（と思う）ウチでも、女性と裸で抱き合うという非日常にクラクラしてしまった。女同士だからこそ気持ちイイっていうのもアリかもしれん。女性読者で1パーセントでも興味を持ったら一度くらいは行ってみてもいいのでは？　今回のウチの潜入取材は1勝1敗という感じでした♪


（河合レン）

【トラディショナルな日本の夜】

夜這い風俗に行ってみた！

人はなぜ風俗に通うのか。

筆者は、その答えは「非日常を体感できるから」ではないかと思っている。

よく考えてみれば、風俗とは不思議なものだ。妻や恋人とはできないことができたり、実社会ではまず許されないモラルに反したことまで合法的にやれたりする。

その好例が痴漢プレイや不倫プレイなどのイメージプレイだろう。

いずれも日常生活ではゆるされた行為ではないが、風俗なら大手を振って楽しめる。その非日常感こそが風俗の魅力であり、醍醐味なのだ。そして本稿で取り上げる『夜這いプレイ』も、そんな風俗の魅力が詰まったもののひとつだと言えるだろう。

●よみがえる日本の奇習

そもそも〝夜這い〟とは何なのか？

一般的なイメージは、女性の寝所に侵入して寝込みを襲うというものだろう。夜這いの始まりは古く、万葉集に「よばい」との言葉が出てくることから、奈良時代にはすでに行われていたらしい。男性が女性に求婚することを『呼ばう』と言っていたことに由来するというのが定説である。つまりは結婚を前提とした婚前交渉というのが夜這いだったわけである。

夜這いは近代まで地方を中心に続けられ、中には地域ぐるみで成人への通過儀礼的な風習として行われていたところもあるらしい。だが、無理やり女性を襲うというところがモラルに反するということなのだろう。明治時代に夜這いを禁止する条例が出されるなど、次第にこの風習は廃れていき、令和の時代は往時をしのばせる秘祭などにその姿を残すに留まっている。

言うなれば、夜這いは古き日本の原風景的な風習で、いまではまず行うことができないものではあるが、それが風俗ならばまったく合法的に体験できるのだから風俗は奥が深い。

現在、風俗のイメージプレイの中では、〝夜這い〟は比較的ポピュラーな部類に入る。支持される理由はいくつもあるが、サービスを提供する側にとって大きいのは、ラクだということだろう。

なにしろ、夜這いであるのでキャストさんは先に部屋で寝ていさえすればよい。着替えたりなんだりと準備に手間がかかるその他のイメージプレイに比べれば、手軽にできてしまうのだ。

だが、これはプレイルームを備えた箱型風俗の話。現在の風俗事情に少しでも詳しい方であれば、「店舗型ならまだしも、ホテルを使う派遣型風俗店の場合はどうするのか？」と疑問に思うだろう。

多くの店はたいてい次のような方法をとっている。

まず客がホテルにチェックインする↓キャストさんがやってきて、ドアの隙間から消毒液などの洗浄セットを客に渡す↓客はそれを持ってひとりでシャワーを浴びる↓その間にキャストさんは入室。ベットに入りスタンバイ……という流れである。あとは寝ている（というテイの）キャストさんを店のルールに則って夜這いするのみだ。

どちらかと言えば、夜這いするというよりは、夜這いされにきていただいたという感じだが、そこはそこ。無抵抗なキャストさんを攻めるというのも、新感覚ってなものである。

最近は『夜這い』という言葉にインモラルさを感じるのだろう。『即プレイ』という言葉に置き換えて実施している店も増えてきた。しかし、筆者の個人的な感想を言えば、寝込みを襲うというシチュエーションは、やはり夜這いという言葉がシックリくる。

●店舗型夜這い風俗店に潜入

さて、令和の時代、夜這い風俗はどのようになっているのか。

今回、夜這いプレイをするために訪れたのは、横浜の関内にある『夜這い屋本舗』さんである。同店はオープンから約20年の歴史を持つ、店舗型夜這い風俗店のパイオニア的存在だ。店舗は建物の2階になるが、入り口から雅やかな感じがして気分が高まる。

まずは旅館のような趣がある受付でいろいろな説明を受ける。受付のスタッフはなぜか作務衣姿で、番頭さんのような雰囲気だ。

今回お世話になった『夜這い屋本舗』

ちなみにこちらのお店には、客がキャストさんを攻める通常の通常の『夜這いコース』に加え、客がキャストさんに襲われる『逆夜這いコース』も併設されている。夜這いというと、その内容上、Sな性癖の者しか楽しめないと思われがちだが、この店ではMな性癖の持ち主にも対応しているのである。

筆者はどちらにも興味があったが、やはりここはベーシックな方がいいだろうということで、『夜這いコース』を選択した。

まずはひとりでシャワーを浴びる。ここで気を付けたいのが特に局部は丹念に洗うということだ。セルフだからつい手を抜きがちになるが、その後のサービスをより濃密なものにするためには、細やかな洗浄を心掛けたいところだ。なお、このシャワータイムはプレイ時間に含まれないので、ご安心を。時間をかけてジックリ洗おう。

シャワーを浴び終えたら、腰にタオルを巻き、廊下を歩いて部屋へ。ちなみに『夜這い屋本舗』では他の店舗型風俗店のように部屋を◯番室と数字で呼ばずに〝伊豆の間〟という感じで割り当てている。細かい部分にもこだわりが伺え、夜這い気分も高まるというものだ。

部屋に到着したら、ふすま仕様の引き戸を開けて入室する。プレイはもうこの時点で始まっている。音を立てぬよう、そぉ〜っと引き開けるべし。

プレイルームは2畳ほどの和室になっており、布団が敷かれている。室内は暗く、枕元には行灯を模したライトスタンドがあり、こちらもまた老舗旅館っぽい雰囲気になっている。

その布団の上に浴衣姿のキャストさんが横向きで寝ていた。これは筆者のセレクト。実は、この店ではキャストさんの衣装と寝姿を客が選ぶことができる。衣装は浴衣のほかにも襦袢などがあるし、寝姿も仰向け、四つん這いなどがある。何を選ぶのか、いわゆる風俗頭が試される場面だ。筆者も迷いに迷ったが、夜這いビギナーということで、オーソドックスな寝姿を選んでみた。

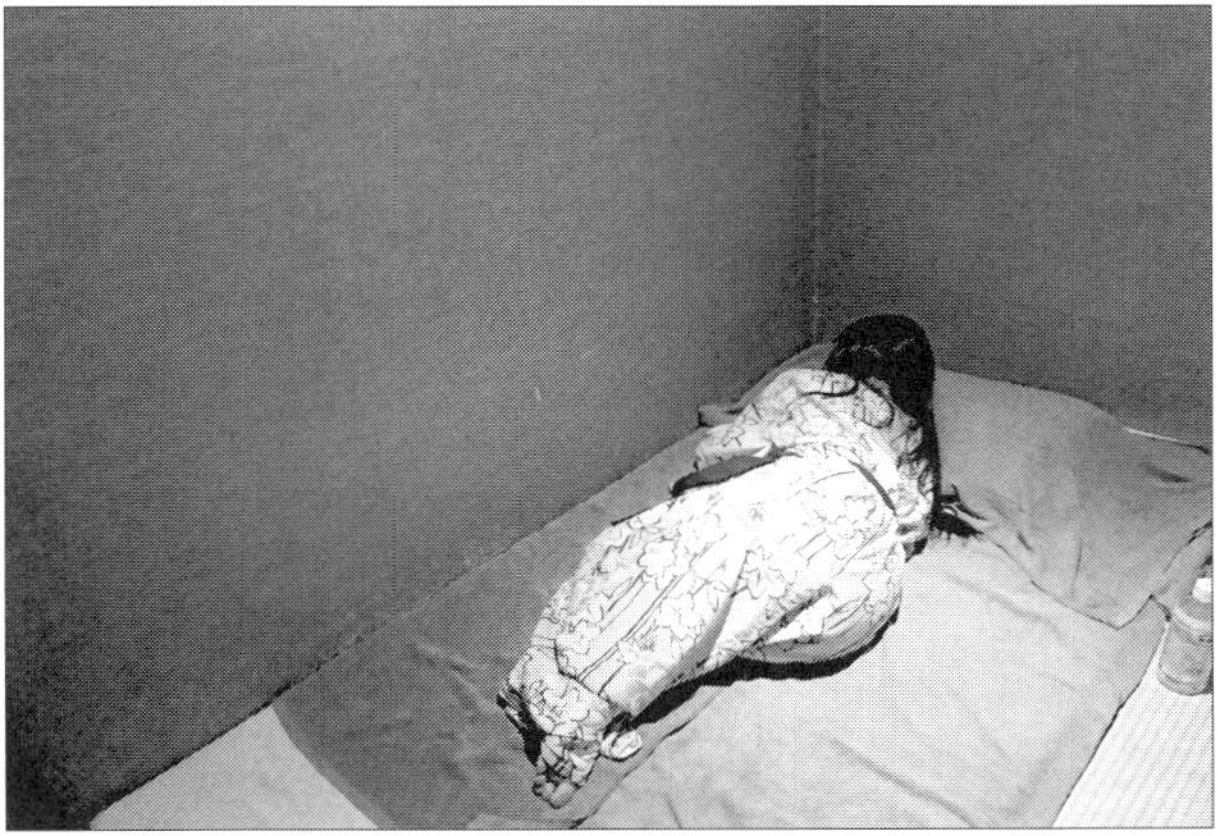

ふすまを開けると、すでにキャストさんがスタンバイ

●暗闇でのインモラルな体験

いよいよ夜這いである。ペンライトの灯りを頼りに息を潜めて暗い部屋の中へ。小さな丸い明かりに照らされる女体の淫靡《いんび》なことといったら！　その寝姿は〝淫美〟と表現したくなるほどで、胸が高鳴る。室内はシーンと静かだから、心臓の鼓動が響くように感じる。

さて、どこから攻めるか、だ。

まずは浴衣の上からタッチしてみる。キャストさんは熟睡しているのか、微動だにしない。

少し大胆になって、浴衣の胸元をはだけてみる。形の良いバストが露わになったのでムギュッと掴んでみると、身をよじって「うぅ～ん」という悩ましい声を出して悶え始めた。

このお店の決まりごととして、キャストさんはアイマスクで視界を遮られている。だからだろうか。感度が高まっているようで、ちょっとしたタッチでも敏感なリアクションを返してくれるのだ。

夜這いをされるというシチュエーション上、嫌がる素振りも見せてくるが、それが逆にこちらの夜這い魂に火をつける。続いて浴衣の裾をまくり上げ、彼女の股へと指を滑り込ませる。そっと触れた秘部は、すでに少し濡れている。OKサインということだろう。そうとなれば完全に脱がせて本格的に攻めるのみ！

●視界が限られて生まれる快感

暗闇の中に横たわる白い裸体が、光を反射してうっすらと浮かび上がっている。たまらなく官能的で、淫らである。これが夜這いのカタルシスなのかもしれない……。などと独り言ちていると、時間になったのか、キャストさんがアイマスクを外して求めてきた。暗闇の中で彼女の大きな瞳がキラリと光る。まずは股間のポジションを探ると、手でイジり、筆者の上半身を舐め始めた。攻守交代である。

暗闇といっても多少の明かりはあるので、彼女の動きは見える。だが、見えても彼女のシルエット程度なので、舌先の行方まではわからない。だから意外なところを舐められると思わずのけぞってしまうし、快感のあまり声を出して悶えてしまう。視界が制限されると身体が敏感

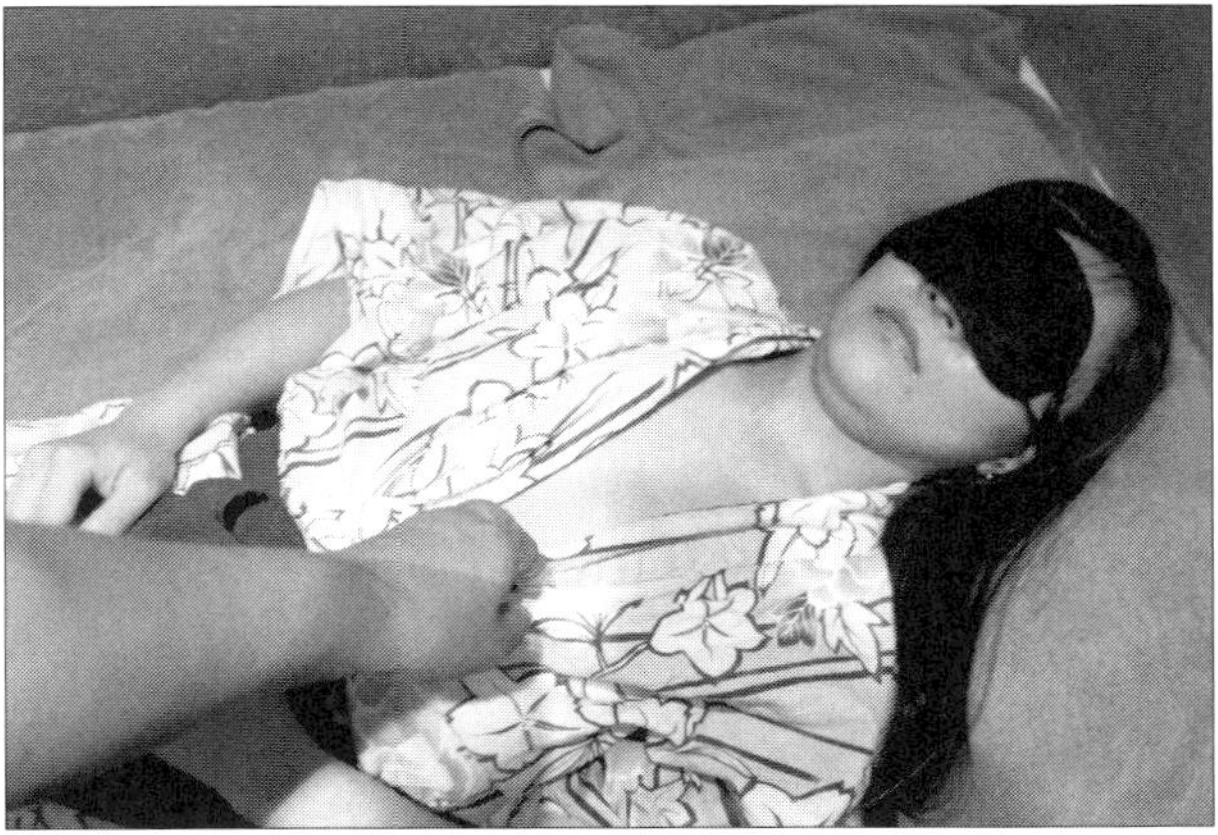

本能に従って、ひたすら責めるべし

になってしまうのは、男も同じのようだ。そのまま暗闇の中で彼女に身を委ねた。

　仰向けになっていると、彼女のシルエットが筆者にまたがってくるのがわかった。

　フィニッシュはそのまま騎乗位素股のようだ。いつのまにかローションを用意したのだろう。彼女の手がぬるりとしていて、それでイチモツを握られしごかれる。

　暗い中で聴覚が敏感になっているのか、ローションで手コキをする、ヌチャヌチャした音が部屋の中にやけに響く。風俗はキャストさんのルックスやボディを目で楽しみ、あえぎ声を耳で楽しむ。そして、その他の感じる箇所を総動員して身体全体でテクニックを感じるものだと筆者は思っていた。

　しかし、こうして聴覚を中心に楽しむプレイもなかなか乙ではないか……などと考えていたら、激しくしごかれて果ててしまった。

●逆夜這いプレイもオススメ

プレイ後、部屋の明かりを点けて、初めてキャストさんの顔を拝見したが……元ももクロの有安○果似のなかなかのルックス。もっと夜這いプレイを早く切り上げて、通常プレイに移っても良かったかも、と思わせる美人さんである。こうした嬉しい後悔があるのも、夜這いプレイのひとつの魅力だろう。

最後は2人でシャワールームへ。身体を洗ってもらいながら、キャストさん目線で夜這い風俗の面白さを語ってもらった。

「やっぱり、ドキドキしますよ。目隠しをしているから、どんなお客様などかわからないし……。あとは迫ってくる気配っていうんですかね？　近付いてくる足音や雰囲気にゾクゾクしちゃって、それだけで濡れちゃうくらい（笑）」

誰に何をされるかわからない、というのはたしかにスリリング。だからこそ、あれだけリアルな反応が返ってきたのだろう。筆者がうなづいていると、キャストさんはいたずらっぽく笑って続けた。

「逆夜這いコースですと、きっと今日の私の気分が味わえるんじゃないですか？　戸がスーッと開いて女の子が近づいてくる。緊張感と期待感が入り混じった気分が楽しめますよ！」

なるほど。てっきり逆夜這いはMっ気のある者専用だと思い込んでいたが、そう考えればまったく違ったプレイを楽しめそうである。

いまとなっては幻となった『夜這い』。

ひょっとすると大昔に夜這いを実践していた人々も今回筆者が体験したような、非日常な快楽を覚えていたのかもしれない。

快楽を通して過去とつながる夜這い風俗。風俗好きならば、一度は経験しておいて損はないだろう。


（子門仁）

※取材協力『夜這い屋本舗』（神奈川・横浜／イメージクラブ）

【最北端（？）のソープランドに潜入！】
北国のぽつん風俗に行ってきた！

筆者の趣味は風俗通いである。

と、言うと、「え？　風俗ライターをやっているのに？」と驚かれることが多々ある。

それはそうだろう。仕事で風俗を取材したうえに、休みの日は自腹で風俗通いとなれば、よほどの物好きと思われても仕方あるまい。ただ、言い訳をするわけではないが、筆者が好んで行くのは『ぽつん風俗』というジャンルの風俗店である。

改めて『ぽつん風俗』を説明すると、風俗街ではない場所……たとえば商店街や住宅地に一軒だけ〝ぽつん！〟と存在する店舗型風俗店のことである。派遣型風俗が主流の昨今となってはレアな風俗店である。

この『ぽつん風俗』好きが高じて、２０１８年６月に本書と同じく株式会社彩図社より拙書『ぽつん風俗に行ってきた！』を出版させていただいたほどである（担当のGさん、宣伝して

小樽といえば、やはり運河。赤レンガの建物が美しい。

おきましたよ！）。いわば筆者にとって『ぽつん風俗』巡りはライフワーク、休日を使って全国の物件を巡っている。

この『ぽつん風俗』の特徴のひとつに、見つけにくいということがある。その理由はもちろん、風俗街以外の場所にあるからであり、その多くの店が自店の公式サイトを持っていないからである。そのため、ネットの口コミサイトの書き込みを調べたり、自分の足で探すことがほとんどだ。街歩き的に散策をしていたら路地裏で見つける……なんてこともある。筆者は、なるべく後者を選択するようにしている。出会えた時の喜びと驚きが大きいからである。

●小樽で見つけた奇跡の物件

ところで、筆者は本書で何度も触れているように普段は会社勤めをしている。業務内容的に出張も多いので、初めて訪れる街では『ぽつん風俗探し』をすることがお約束になっている。今回、紹介する物件も先日の北海道出張の際に見つけたものである。

小樽市というと、まず、真っ先に運河の街というイメージが浮かぶだろう。道庁所在地の札幌市の北西に位置する小樽市は石狩湾に面していて、主にガラス工芸、オルゴール製造といった産業で知られている。街の中にレンガ造りの倉庫が多いのは運河が通っていたためであり、運んできた物品を保管するため……といった説明は旅行ガイドブックに任せておく。

さて、出張ということは当然のことながら商談などがある。場所は北海道の中心地・札幌市で行われることがほとんどだ。せっかく北海道まで出かけていくので、相手は一社ではなく、数社との商談を設定する。しかし、相手のスケジュールによっては商談と商談との間にどうしても空き時間ができてしまう。そんな4時間の空き時間を使って訪れたのが小樽である。

小樽は、イメージとしては風俗のニオイは一切しない。それでも筆者は個人的に艶街の香りを感じたのだ。というのも、小樽には運河だけではなく、港（小樽港）もある。古来より、港町と宿場町、温泉街には艶街、そのテの店が栄えやすい傾向があるからだ。

しかし、街を散策してみてすぐにその自説が揺らぐのを感じた。小樽の街は、もはや淫靡なものが入り込む余地がないほど観光地化されている。仕方がない、運河を見物し、寿司でも

このように寂しい通りを歩いていると、見えてきたのは…。

食って札幌へ帰ろう。

そう思い、運河へと歩を進めた矢先のこと。運河までの道のりは簡単だと聞いていたが、すぐに筆者は迷ってしまった。アプリの地図を使っていたのだが、機械音痴ゆえ、操作を誤ってしまったのだろう。なぜか寂しい道に出てしまった。とりあえず大きな通りに出てみよう。そのままテクテクと歩いていると、遠くに不思議なオーラを放つ建物が見えてきた。

「ん、スナックか？」

看板には未来を感じさせる店名があったが、建物は老舗感がたっぷりであり、なんとも言えない味わいを醸し出している。しかし、店に近づいてみて驚いた。看板に『北海道特殊浴場協会加盟店』と書かれているではないか。ここはスナックではない。ソープランドである。

一見、スナックに見えたがまさかのソープランド

店の周囲は住宅がいくらかあるだけで、風俗街や繁華街ではない。

これはまさしく『ぽつん風俗』。

いや、それだけではない。ここはひょっとすると、日本最北端のソープなのではないか。

そうとなっては、ぽつん風俗マニアとしては遊ぶしかない。喜び勇んで中に入ろうとしたが、なんとシャッターが閉まっているではないか。このとき、時刻は13時30分頃。まさか閉店物件なのだろうか。

スマホを取り出し、店名を検索してみる。案の定、店の公式サイトはない。そこで口コミサイトをチェックしてみると……あった！　どうやら16時オープンらしい。

続いてコースを見ると60分からとなっている。これは困った。筆者はこの後仕事があるの

件の建物を正面から。風格すら感じる、見事なまでのぽつん風俗である。

で、17時15分の電車で札幌へ戻らなくてはならない。16時にサービスがスタートして17時に終了したとする。15分後に小樽駅にいることができるだろうか？

今回は諦めるべきか……いや、その選択肢はないだろう。筆者は関東在住の身、次にいつこの小樽の地を踏めるかわからない。もしかしたらこれが最初で最後かもしれないのだ。

そこで、筆者は店から駅の改札口まで実際に歩き、タイムを計ってみることにした。その結果は10分弱。駅のホームまでを考えると店を17時ジャストに出ればなんとか間に合いそうだ。

着衣に要する時間を考えると制限時間よりも短めのプレイになってしまうが、それは致し方あるまい。筆者は遊ぶことを決意した。

「北海道特殊浴場協会加盟店」の看板が光る

●待合室でよぎる不安

店の前に再び戻ってきたのは開店5分前のこと。もしかしたら多少は早く開いていて……と、いう一縷の望みを託してきたが、開いていた！　しかし、そこでスタッフと思われる老婆――筆者の母親と同世代くらい――に「準備があるので10分くらい待ってほしい」と制される。これは大きなロスタイムである。

待っている間、一瞬、「まさか、この老婆が……」という心配が頭をよぎった。ぽつん風俗ではそうしたことが時として起こり得るからである。しかし、老婆は受付にずっと座っているので、どうやらそれはなさそうだ。

それにしても……外観もさることながら、建物の内部も相当年季が入っている。そして「どうぞ！」と案内された個室も……かなり年季が入っていた。室内をキョロキョロ見回す筆者の顔には不安が浮かんでいたのだろう。

「仕方ないじゃない、この店にはお兄さん（＝筆者のこと）やアタシの年齢くらいの歴史があるんだからさ」

豪快にガハハと笑いながら、キャストさんが声をかけてきた。本日のお相手は四十路半ばから後半といった感じの、ムッチリとした泡姫。肌が雪国の女性特有のキメ細かさで、性格も良く、愛嬌もあるので、ギリギリのラインで可愛らしいオバちゃんタイプといったところか。60分コースで大1小5枚という値段を考慮すれば納得……いや、正直なところ微妙である。

さて、個室であるが、一応、洗い場とベッドスペースの区分けはできているが、ちょっとばかり狭すぎることは否めない。

バススペースにはギリギリでマットが置けるが「マットをするとベッドはできないわよ、60分じゃあ」とのことでマットは諦める。さらにバスタブが家庭用ともいえる90センチ四方の狭いステンレス製のもののため、2人で入ることは到底無理だ。

そうしたなかでサービスを受ける。まずはムッチリなボディ洗いを受けたのだが、これが実に丁寧で心地良い。プレーの最中には「どちらからいらしたの？」とか「北海道はいかがですか？」といった世間話をしてくる。これはぽつん風俗でよくあることだが、なぜかキャストは話好きのオバちゃんが多い。今回も御多分に漏れずである。

●ぽつんソープの仕事人

しかし、時間は無限ではない。とくに今日の筆者は17時ジャストに店を出なければならないので時間がない。ひとりで焦れていたら筆者の気持ちを察したのか、泡姫が「お急ぎかしら？」と聞いてきた。かくかくしかじか事情を説明する。

「もぉ〜、それならば早く言ってよぉ〜。時間がないのにこんなところにくるなんて、お客さんも好きねぇ（笑）」

泡姫は再び豪快に笑って、昭和じみたことを言った。この明るさは嫌いではない。スイッチが入った泡姫はボディ洗いをテキパキとこなし、筆者は押し倒されるようにベッドへ。普段であれば味気がなく感じるところだが、今回は非常にありがたい。泡姫も筆者の状況に応えるべく、「どこが感じます？」と聞くと、そこを重点的に舐めて股間に刺激を与え、準備万端状態にしてくれた。それでもフィニッシュまで容易に持ち込まないのは、彼女なりの「まだ時間に余裕がある」という計算なのだろう。こうなったらすべてを彼女に委ねよう。

時間を気にしつつも、プレイに没頭する。その最中にも、色々な意味でこの店の年季を感じてしまった。たとえば、室内に湯気がこもって織りなすソープランド独特のニオイがやや強めに感じたし、ベッドも我々が動くたびにギシギシと音をたてて「壊れるのでは？」と思わせるものがあった。

現在、ぽつん風俗として残っている店は正式な許可を得た正規店として、昭和、平成、そして令和と歴史を重ねてきた、いわば優良店である。だからこそ、ケアをできるところはケアをして、いつまでも続いてほしいと願っているし、快適に使えるようになればなるほど客足も増えるのではないか……。

改めてそんなことを思っていると時間が迫ってきたのだろう。「いいですよ」の声に促されて筆者が上になって、がんばってコトを終えた。思えば、なんだかアッという間の出来事のようだった。帰り支度をしながらも「大丈夫？　間に合う？」と気遣ってくれる泡姫。人情味に溢れているところも、ぽつん風俗の良いところだろう。

●最北端は別にある？　まさかの結末

サービス後にダッシュで小樽駅に向かう。

営業中の店の外観を撮影しようと思っていたが、時間がなく断念する。一刻も早く急がなければ……速足で駅に着き、時刻を確認するとジャスト17時。ということは逆算すると……筆者は60分のところ、だいぶ早めに出てしまったことになる。時刻表を見ると、もともと乗るつもりだった普通電車の上に特急電車の案内が出ていた。予定よりも早く〝エキ〟を飛ばしたのだ。ここはやはり特急で帰ろう……お粗末。

さて、小樽のぽつんソープであるが、その後、調べたところでは残念ながら日本最北端のソープではなかった。最北端のソープは同じ北海道でも旭川にあるという。ちなみに日本最東端のソープも北海道にあって釧路に存在するそうだ。つまり、小樽のこの店は最北端でも最東端でもない。ただし、小樽で唯一の店舗型風俗店だということだ。

なんとも後味が冴えないが、これもまたぽつん風俗の魅力。未知なる出会いを求めて、筆者は今日もまた見知らぬ街の路地裏をさまようのである。

（子門仁）

気になるコラム①

【○○アリの中華料理屋が東京にあった!?】
思い出の〝マッサージ〟ラーメン

本書で取り上げたスポットは行けそうで、なかなか行くことができない。行けなさそうでも、がんばればなんとか行くことができる……そんな視点から選んでいる。なかには「隠し階の秘密クラブ」（208ページ）のように特別な仲介が必要な店もあるが、コネさえ見つければ行ける可能性はゼロではない。物理的に行けない店は排除しているのだ。

筆者はこれまで怪しいアダルトスポットを数多く訪れているが、すでにないものは掲載を見送った。その中にはもし現在も存続していれば、絶対に紹介したかった場所がいくつもある。たとえば、今から十数年前に体験した『マッサージラーメン』は、今もあれば間違いなく取り上げていただろう。

当時、筆者は放送作家をしていたこともあって、新宿区某所にあった放送局に出入りしていた。その近くに件のスポットはあったのだが、それを知ったのは、あるディレクターからの情報であった。

「あそこの中華料理店で夜、ひとりで飯を食べていたら、突然、店のオバちゃんが寄ってきてさ、〝マッサージはいかが？〟なんて言うんだよ。それで……」

ここから先の展開は言わなくてもおわかりだろう。

あそこの中華料理屋とは、中国人が経営していて、店内は日本語よりも中国語が飛び交っているような店である。筆者も何度か利用していたが、主にランチタイムだったためか、そんな声掛けは一度もされなかった。記憶をたどる限り、店内にはマッサージができるようなスペースもなかったし、本当だろうか。そもそも、話をしてくれたディレクターは冗談好き。なので話半分に聞いていたが……やはり気になる。

そこで生放送を終えたある日の晩、夜の9時頃に問題の中華料理店に行ってみることにした。声かけしやすいように、注文したラーメンを普段よりもゆっくりとすする。しかし、店のオバちゃんは一向に寄ってこない。やはりディレクター氏のジョークだったのか……と、どんぶりからスープの最後の一滴を飲み干そうとしたときのこと。食事が終わるのを待っていたのか、オバちゃんが伝票を置きながらそっとこう言ったのだ。

「オニイサン、マッサージ、1マン……」

つまり、大1枚でマッサージをやらないかというのである。

問題のラーメン屋は、かつて、この界隈に存在していた

ついに来た！　筆者がうなずくと、オバちゃんは向かいのビルの指定階に行くように告げた。

さっそく料金を支払い、向かいのビルへと急ぐ筆者。指定された階の扉を開けると、中にランチタイムの時に見かけたことがある女性従業員が立っていた。一瞬、わからなかったのは店ではエプロン姿なのに、その時、目の前にいたのはキャミソール姿の彼女だったからだ。

彼女に促されるままに中に入る。どうやらここは従業員たちの休憩所としても使われているらしく、それらしいテーブルやイス、灰皿などが置かれていた。彼女は休憩所を通り過ぎ、別の部屋へとつながるドアを開けた。中を見ると簡易式のベッドが置かれている。ここでマッサージを受けるようだ。

ベッドにうつ伏せにさせられ、指圧マッサージを受ける……って、本当にマッサージだけなのか？　そう思ってしまったのは、かなり入念に30分ほど身体を揉みほぐされたからである。こりゃ、本当にガセではないか……と、諦めかけた時のこと。仰向けにさせられると同時に服を脱がされた。そしてマッサージをしていた女性もパンティを脱いだ。まず、ウェットティッシュでイチモツを拭かれると、そのままシコシコと手コキを始めた。ちょっと雑な感じがしたが、それでも女性がなかなかの美人だったこともあり、ほどなくしてガッチガチになった。そして、彼女がまたがってきて……ディレクター氏が言っていた通りの結末に……。

なお、蛇足であるが、その女性はコトの最中に「アイヤ～」と言った。中国の人って、本当に「アイヤ～」って言うのか！　という感激が思い出に残っている。

その後、2、3回ほど利用したが、その放送局が移転したために足を運ばなくなってしまった。今回、執筆にあたって本書にぜひ掲載したいと思い、店があった新宿区某所を訪れていたが、とっくの昔になくなったようで、いまはまったく別の店が入っていた。当然とは思いつつも、どこか寂しさを隠せない筆者であった。

（子門仁）

【第二章】

気になるオトナの〝社会科見学〟

【女たちの真剣勝負を見学】

キャットファイトに行ってきた！

趣味が「風俗通い！」というとドン引かれるのはなぜだろうか？

自分で金を払って遊んでいるんだし、それが高じて風俗ライターになったのだから大したもんだ（↑自分で言うなよ！）。盟友の子門仁氏も趣味は風俗通いだと言い切る。そんなタイプは他の風俗ライターにも多いのではないか？

ただし業界の暗黙の了解として取材をして懇意にしている店では遊ばないことにしている。遊ぶのであれば面識のない店で……というのが、なんとなくルールみたいな感じなんだよなぁ。

しかし、気付けば俺もキャリアが四半世紀になり、知っている店が増えてきて、プライベートで存分に遊べる店が少なくなってきた。やばい、趣味がなくなる……と思った時にハマったのが知人に連れられて観に行った『キャットファイト』だ。5年前のことで、以降、キャットファイト観戦が趣味の一つになった。

女性同士が闘うキャットファイト。色物と思うなかれ…。

●セクシーなエンターテイメント

キャットファイトを一言で表現すると『セクシー・バトルエンターテイメント』がシックリと当てはまるのかな。そう、闘いなのだ。だから試合が行われるのはプロレスで使われるリング（ただし、トップとセカンドのロープは外されている）の上だ。時には会場の都合でマットを敷いて行われることもあり、その点では昨今のプロレス事情に似ているのではないか。

そのリングで闘うのは、普通の女のコやグラビアアイドル、セクシー女優など。彼女たちはキャットファイターと呼ばれ、感情をムキ出しに、そしてときにはオッパイまでムキ出しにして闘うのだ。

ここで少し、キャットファイトの歴史を振り返ってみよう。と、言っても「これがキャットファイトの初試合！」といった記録は残されていないようで。もともとはアメリカのストリップの幕間などで、女性同士が空いてのガーダーを奪い合ったのが始まりらしい。1940年代後半に行われた試合の模様が写真に残されているので、キャットファイトの原型ともいえるものは、少なくともざっと70年前には存在していたということになるだろう。

このガーターを奪い合う形式のものがキャットファイトの原型だとすると、日本での歴史は1948年に遡る。東京三鷹市にて進駐軍を相手にした女子プロレスの興行が行われていて、これが現在主流の3カウント、ギブアップを奪うものではなかった。奪うのは相手のガーターであり、つまり、キャットファイト的な内容だったのだ。この女性同士によるガーターを奪い合う〝とっくみあい〟は日本でも本場アメリカ同様にストリップの幕間などで行われたりしていたが、ストリップ自体が斜陽になっていったこともあって次第に見かけなくなっていったようだ。

キャットファイトが現在のようなアダルトサブカルチャーとして定着していったのは2000年代に入ってからのこと。まず、CS放送のアダルトチャンネルがコンテンツの一つとしてキャットファイトに着目し、それに前後してキャットファイト団体が誕生する。一時期は4、5団体が林立していた。当時は赤坂にキャットファイトを見せるアミューズメントバーまで登場しており、アダルトサブカルチャーとしてこの時期、一気に花開いた感がある。しかし、時代が下るごとにキャットファイト団体は淘汰されていき、現在、存続しているキャットファイト団体はただひとつ。2001年12月に旗揚げした『キャットパニックエンターテイメント（以下CPE）』である。

このCPEを設立したのは現在、さまざまなイベント・アーティストをプロデュースを行い注目を集めている齋藤THOGO光國氏と、大仁田厚率いるプロレス団体FMWでデビューし、現在ではコントグループ東京03の豊本氏の妻としてもおなじみのミス・モンゴル（CPEではAkyの名前で活動）、彼女はキャットファイトのリングではラ・マルクリアーダを名乗ることが多い。

●キャットファイトの魅力とは？

さて、キャットファイトの魅力とは、いったい、どんなところにあるのだろう？

5年前、俺にキャットファイトの存在を教えてくれた知人のキャットファイトライター・ゐりゑ氏に話を聞いた。氏はCPEの旗揚げ時から各媒体にキャットファイトの試合レポートを寄稿してきたライターで女子プロレス系の書籍なども手掛けている人物である。

「セクシー女優やグラドル、風俗店のキャストなど、あらゆるタイプの女性がキャットファイターとして参戦しています。キャットファイトの魅力は、そんなさまざまなジャンルの女のコたちが『闘う』という共通の言葉のもとで、感情ムキ出しの姿を見せるところではないでしょうか。それで必死になって勝つために相手の衣服を本気で脱がしにかかる……。一生懸命過ぎてそこに卑猥さはなくて、爽やかですらあるところですね」

そう、キャットファイトには技を競うシーンもあれば、脱がし合いもある。それをセクシー女優として名を馳せた範田紗々さんや初代ミニスカポリスの福山理子さん、現役の熟女セクシー女優の伊織涼子さんといった面々が、なりふり構わず本気でやり合っている。本気の闘いだからこそ、セクシーなエンターテイメントが生まれているのだ。

また、ゐりゑ氏によるとキャットファイトには独自の試合形式があるのも魅力のひとつだという。たとえば、勝敗はプロレス同様にフォール、ギブアップによって決まるのだが、さらに相手の股を3秒間開かせれば、『股開きフォール』が成立して勝利となる、など。どのポジションでも股を開かせるとフォールが成立するので立ったまま、Y字開脚状態で勝敗が終わることもある。その他、ユニークな独自の試合形式をいくつか挙げてみよう。

・『追い剥ぎマッチ』

対戦相手の衣類をすべて脱がしたら（剥いだら）勝ちというルール。たとえ脱がされても衣

衣装を脱がせ合う『追い剥ぎマッチ』

類の一部が身体に掛かっていれば有効なので、パンティなどは膝に掛かってギリギリの姿で闘うケースが多い。〝最後の一枚〟を巡る攻防が醍醐味。また、逆バージョンの最初から裸で出てきて相手に衣類を着させる『着るマッチ』もある。ただし、これは極めてレアな試合形式で、これまでに1、2度しか行われていない。

・『ローションマッチ』

風俗店などで使うローションを使用する試合形式。リング上にブルーシートを設置し、プール状態にした中でローションをかけ合って闘う。足元が滑るので思うように技がかからなかったりと、スリリングな展開になることが多い。あのザ・グレート・サスケ選手も参戦した。

・『バナナマッチ』

まず、通常ルールで試合を行い、フォールやギブアップを奪った者が『バナナタイム』を与えられる。これは、バナナおじさんなるキャラクターの股間に設置したバナナを男性器に見立ててセクシーパフォーマンスを行う時間である。バナナおじさんは、そのエロさに準じてポイントを与え、制限時間で多くポイントを稼いだほうが勝ちというもの。セクシー女優の疑似フェラが見ることができるとあって、最近の人気ルールになっている。

・『水鉄砲マッチ』

リングサイド最前列のお客さんに水鉄砲が配られて、試合中に選手に向かって発射できる。お客さん自身が数千円もする強力なバズーカタイプの水鉄砲を持ち込むこともあり、思わぬ箇所に水をかけられた際の選手の素の驚きの表情にセクシーさを感じることも。

・『お座敷マッチ』

ライブハウスなどの小規模の会場で大会を開催する際、リングではなくマットで試合を行うケースがある。そのマットの周囲にお客さんの座席を設置した際に『お座敷マッチ』と称することがある。試合中、選手はお客さんに膝枕をするとロープブレイクが認められる。

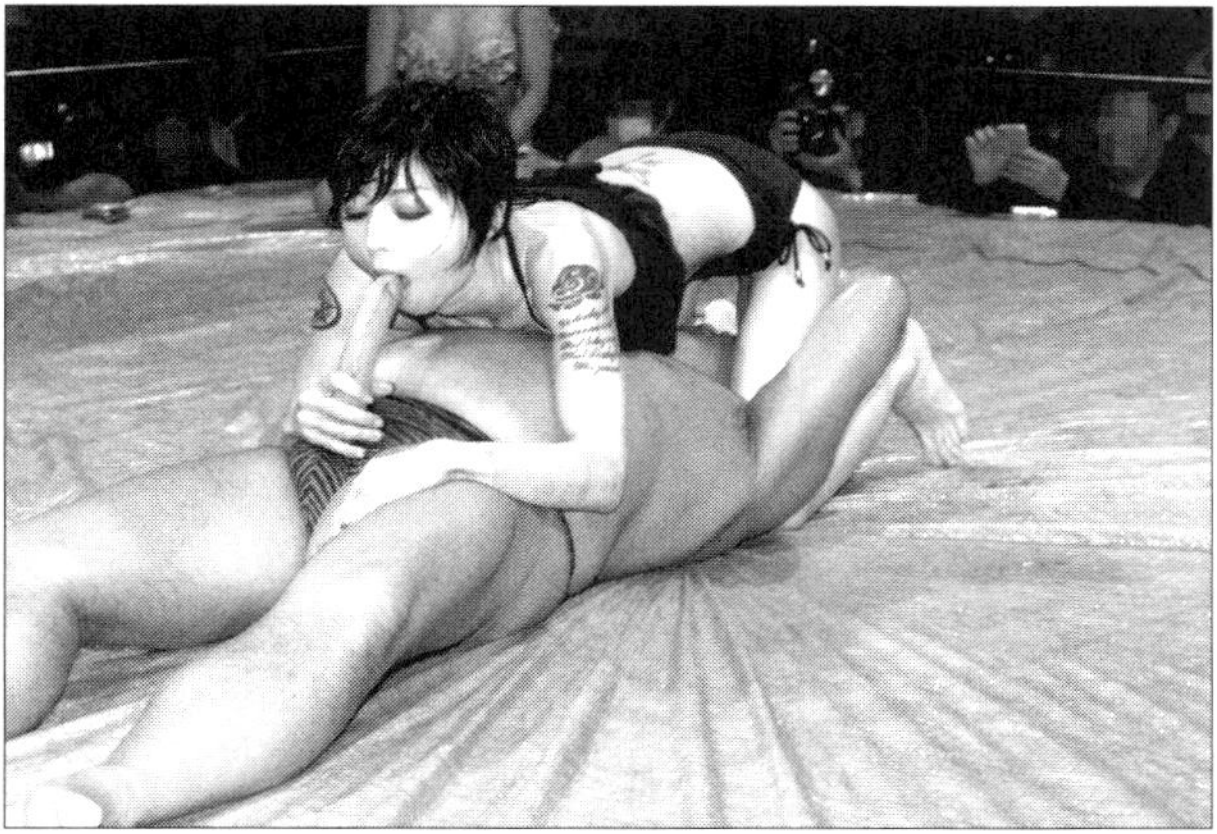
『バナナマッチ』の一幕。これぞセクシー・バトルエンターテイメント！

と、ザッと挙げただけでも、こんな感じだ。ここに敗者が緊縛されてアダルトグッズで責められたり、公衆の面前で官能小説を読まされるという罰ゲームが加わることもある。

●キャットファイトは聖なる一回性？

キャットファイトは1回の大会でイロイロなものを楽しめることも特徴だ。たとえば試合に関しても、ある日の大会では美女ストリッパーの若林美保さんと熟女セクシー女優の伊織涼子さんが衣類を脱がし合うのではなく、引きちぎりまくっているんだよ、必死の形相を浮かべて。これは舞台や作品じゃ見られないし、〝生ならではの感情〟なのだろうなって思う。また、全日本プロレスで何百回もタイト

こんな体勢になることも…。

ルマッチを裁いてきた日本プロレス界の重鎮レフェリーである和田京平さんが元セクシー女優の範田紗々嬢に誘惑されて翻弄されてるんだぜ？　ブッチャーやタイガー・ジェット・シンといった凶悪レスラーに対しても毅然とした態度を取っている京平さんがデレデレしたりしている。だけど、そのセクシーオーラを前にしたら、それも仕方ないか。さらには試合の合間に地下アイドルやアーティストのライブや大人の紙芝居といったパフォーマンスもあって、毎回、何かしらのサプライズで驚かされる。だからこそ、「次回大会も見たい！」と思わされるのだろう。

会場の一体感は他のエンターテイメント以上のものがあり、出演者や裏方スタッフ、そしてお客さんが一度の大会に全力投球している感がある。そのカードを揃えた興行は一度限り、すなわち良い意味でその場限りだから、俺自身は『聖なる1回性』と呼んでいたりする。

しかし、ゐりゑ氏いわく懸念事項もあるという。

「もちろん、ＣＰＥの興行は満足度が高いし、それをキープしていくことも問題ないでしょう。ただ、現状、ＣＰＥしか団体がないのはさびしいですね。もっと競争相手がいても良いと思います、昔のように」

加えて会場の問題もある。格闘技の聖地が後楽園ホールであるように、キャットファイトにも新木場１ｓｔリング（東京都江東区）という聖地があった。しかし、本稿の締め切り直前（２０１９年８月）、ＣＰＥのＴＨＯＧＯ代表が２０１９年９月の東京大会をもって新木場１ｓｔリングからの撤退を表明した。さらに今後は都内で行われる大会の休止を示唆するようなツイートも行っているので、大きな動きがありそうだ。

もちろん、ＣＰＥ、つまり、キャットファイトがなくなるようなことはないだろうが……ここに来て重大な局面を迎えているのはたしかだ。だからこそ、聖なる一回性という意味合いが大きくなってくるのでは？　現役セクシー女優やグラドル、アイドルが本気で感情をムキ出しにして取っ組み合うことなんて、なかなか見られるものではない。チャンスがあったら、一度は『キャットファイト』を観戦してみてはいかがでしょう？

そこには大人のための極上アダルトエンターテイメントが待ってます！

（亦滑訓仁）

※取材協力『ＣＰＥ』（東京／キャットファイト団体）

【男なら経営サイドに回って一攫千金】

デリヘル開業セミナーを受けてみた！

風俗というのは、あくなきものである。ユーザーは風俗にハマればハマるほど、さらに上を求めてしまう。

「もう少しパンチの利いたプレイをしたかった」

「俺だったらシステムをこうするのに……」

風俗で遊んだ後、ふとそんな思いに駆られる読者もおられるのではないか。

そんな探求型の風俗ユーザーにとって、究極の夢ともいえるのが「だったら自分で風俗店をやっちゃうか！」ということだ。自分が経営者ならば、なんでもやりたい放題（実際はそんなことはないが……）。キャストは好みの女のコで揃えられるし、プレイ内容だって自分の欲望100％で決めたっていい。

しかし、たいていは思うだけで終わる。だって、実際に開業したら大変そうじゃん。とくに俺の場合は風俗業界の実情をある程度知っているので、余計にそう思ってしまう。店の運営はもちろん、キャストさんやスタッフの確保や管理、宣伝広告の出稿など、やることが山積みでかなり面倒そうだ。

だが、待てよ。ひと昔前は脱サラして風俗業界に参入するのがちょっとしたブームになっていて、書店でもデリヘル開業マニュアルが売られていた。風俗には人の何倍も通っているので、ユーザーに受けるツボというか、コンセプトはだいたいわかっている。店舗型はさすがに無理でも、デリヘルだったら許可を取ればすぐにオープンできるだろう。可愛い子が1人、2人いれば何とか店を回せて生活できるのではないか。いや、意外と儲かるかもしれない。

●デリヘル開業のノウハウを教えるセミナー

思い立ったが吉日、デリヘル開業についてネットであれこれ調べていたら、デリヘル運営の1から10までを教えてくれるセミナーがあることを知った。デリヘル開業支援サイト『フーコム』が主催するセミナーである。

『フーコム』は広告代理業務やホームページの作成、店舗内装デザインなど、デリヘル開業をするうえで必要なツールが詰まっているサイトだ。開設から10年以上経ち、このテのサイトとしては老舗であるそうだ。

そんなサイトのデリヘル開業セミナーなのだから、きっと有益な情報が手に入るに違いない。そう思い、さっそく代表のＯ氏にコンタクトを取った。

後日、指定された都内某所にあるオフィスへ。風俗関連ということで猥雑な感じかと思えばそうでもなく、いたって普通のオフィスで、モダンで整然としていてデザイン事務所っぽい雰囲気もある。代表のＯ氏はポロシャツ姿で爽やかなスポーツマンタイプである。実は当初は風俗業界ならではの胡散臭い人物が出てくるかと思っていただけに意外である。ちなみにセミナーは会議室で行うとのことで、さぞかし部屋はデリヘルで人生逆転を夢見る猛者で一杯……かと思えば、参加者は俺ひとりだ。

「以前は複数の受講者を集めて行っていましたが、いまは迅速な対応を重視しており、おひとりでも受けたい方がいらっしゃれば開講します」

とＯさん。まさにアドバイザーといった感じで、なんでも相談ができそうな人だ。

そもそもこれからデリヘルを開業しようというのは、どういう人が多いのか。やはり俺のように、風俗好きで一攫千金狙い？

「一時期は脱サラしてノリで……という方も多かったです。でも現在は慎重な方が多いですね。しっかりと稼ごうという方ばかりですよ」

「フーコム」のサイトを見せながら説明してくれたO氏

●開業資金は最低1本は必要

さて、時間になったので、いよいよセミナーの開始である。

「亦滑さんはデリヘルを開業するにあたって、準備資金はどれだけお考えでしょうか？」

まずはストレートな質問から始まった。いきなり金の話から入るとは下世話だと言うなかれ。元手がないと始まらないのは何事も一緒である。

もちろん、俺も開業するのにまとまった資金が必要なのは重々承知。しかし、こうストレートに聞かれると答えにつまってしまう。ちょっと待ってくださいよ、え〜と、まずは事務所の家賃に光熱費、あとはオープンに先駆けて求人広告を打ったり、お店そのものの広告も打ったりで……そうだなぁ、ザッと見積もって

200万円といったところじゃないですか？

「それくらいですと、おそらく資金的には半月で尽きます」

Oさんにピシャリと一蹴された。は、半月？　たったの？　その理由をOさんはモニターにフローチャートを映して丁寧に説明してくれる。

まず派遣型風俗店では電話を受ける事務所が必要になってくる。この所在地が決まらないと営業許可もとれないので始まらない。じゃあ、そこら辺のマンションの一室を借りればイイじゃん……ということではないらしい。物件の大家さんがちゃんと風俗店の事務所としての利用を許可しないと営業の許可は下りず。しかしながら、デリヘル使用可能な物件は年々減っているらしい。

「あったとしても駅から徒歩20分の場所であったり、築何十年も経っている古い物件だったり……というのが現状です。しかし、当社では独自のルートがあるので最適な物件探しのアドバイスもできます！」

なるほど、それは心強い。しかし、都心の物件で、月の家賃がこれだけ、そこに敷金礼金がかかることを考慮すると……あ〜こりゃ200万円なんて瞬間で消えますすな。

それじゃあ、結局、いくら必要なんです？

「これより少ない資金で成功されている方もいらっしゃいますが、安心して開業したいのでし

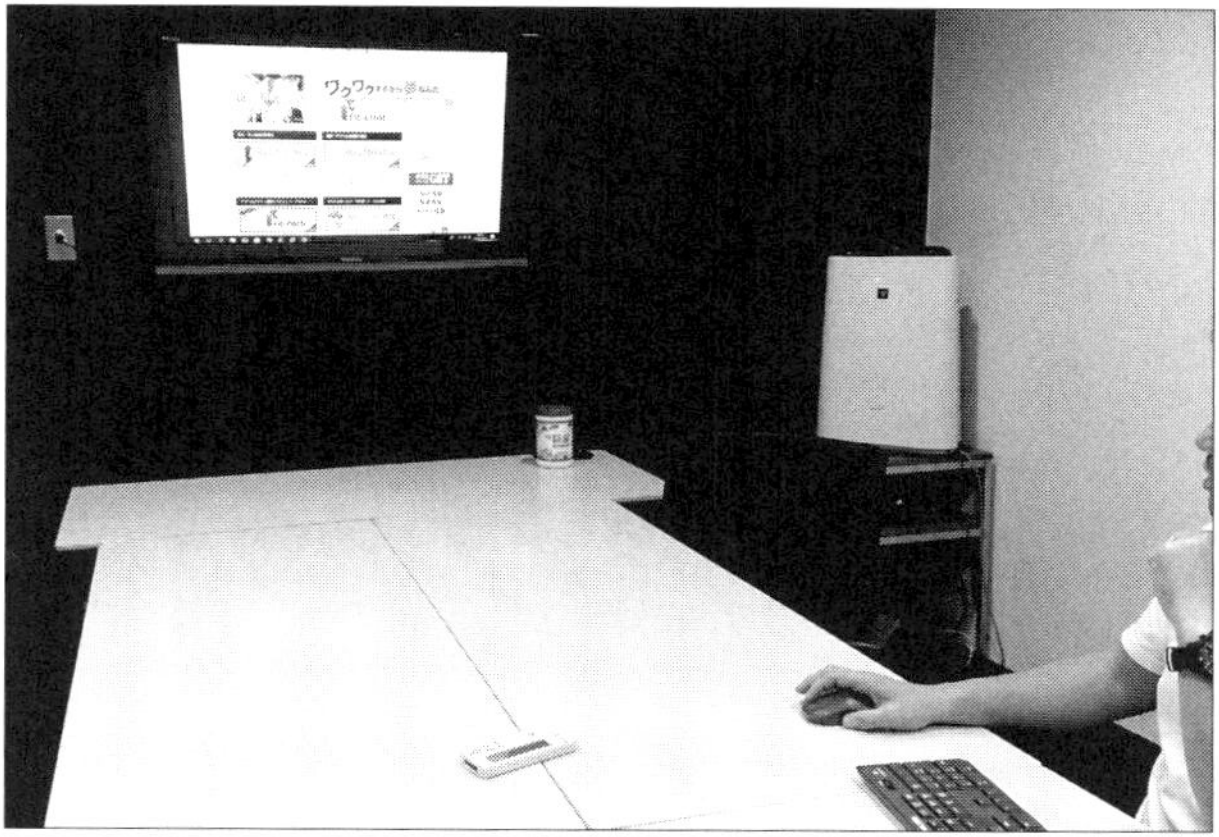

モニターをつかって解説してくれるので、込み入った話もわかりやすい

たら……」

Ｏ氏はそう言って指を１本突き出した。

１００万円ってことはないよな。ということは……。この半分の金額でも軌道に乗せられるケースもあるそうだが、いずれにしてもなかなかハードルが高い。

●どこで開業するかも重要なポイント

運転資金もそうだが、デリヘルを開業するにあたってポイントになるのがエリア選定だ。

現在、都内の風俗エリアとして名前が挙がるのは、歓楽街の歌舞伎町がある新宿。駅の北口を中心にホテル街が広がり、あらゆるエリアからアクセス抜群の池袋。そして都内有数のラブホテル密集地である鶯谷などだろう。やはり、そのエリア近辺で開業するのがいいのでは？

そう思ったが違うらしい。

「いま挙げていただいたエリアへの新規参入はオススメしませんね。競合店が多いエリアですので、リスクが大きすぎます」

考えてみりゃあ、そりゃそうだ。だからといって、デリヘルなのでラブホテルなどがないエリアで開業しても仕方ない。そこでO氏が挙げたエリアは……、ここからは実際にセミナーを受講して聞いてほしい。ヒントをあげるとすれば、山手線沿線で風俗エリアと風俗エリアの間とでも記しておこう。

もちろん、事務所をジャストなエリアに構えただけで成功できるわけではない。なんといっても風俗はプレイ次第。やはり、ここはS級の女のコを揃えて、奇をてらうことなく、スタンダードなデリヘルを始めるのが堅実でしょう！　そうじゃないですか？　しかしながら、O氏の答えは意外なものだった。

「都内においてスタンダードなデリヘルは、すでに飽和状態です。余程レベルの高いキャストを用意しないと無理でしょう。たとえば、現役のアイドルとか……でも、それって不可能に近いですよね？　それでしたらニッチな世界を目指すほうが、まだチャンスがあります。時代の流れを読んで、たとえば、ここ最近は草食男子が増えているというのであれば、M性感とかオナクラですとか……」

なるほどね〜。今、あるような店を出しても勝ち目は少ないということか。他の店から抜きん出るには、やはり〝風俗頭〟が必要なわけですね。

「そうですね、何よりも風俗が好きということは大切だと思います。アイデアがあるようでしたら教えてください。的確なアドバイスができると思うので」

ちなみにO氏が温めているアイデアはニッチながらも「あぁ〜、なるほど！」と思わせるものだった。ヒントとしては、ある職業のセカンドキャリアとしてできそうだし、ニッチながらも〝リアルさ〟があり、俺自身も遊んでみたいと思ったほどだ。風俗はあくまでも疑似の世界という色合いが強いけど、リアルを追求すべきところは、徹底的にリアルにこだわったほうがいいいかもしれない。

●本気になったらセミナーを受講！

今回、セミナーを受けて重要だと思ったのはキャストさんの管理である。当然のことだけど、キャストさんがいなければ店を運営することはできないわけで。それは、女性の気持ちをどれだけ読めるか？　そこに尽きると思う。もちろん、そんなキャストマネジメントもセミナーで事細かに教えてもらえるのでご安心を。

こんなアドバイスの他にキャストの集め方や広告媒体の紹介、クレジット決済の代行システムの紹介など、現在のデリヘル稼業で必要なノウハウを教えてくれるのが、『フーコム』のデリヘル開業セミナーだ。

1割前後。この数字は、ここ数年、都内のデリヘルがオープンから1年経過しての〝生存率〟だ。早いところでは開業して3ヶ月未満で店じまいということも……。非常に厳しい世界なのである。

「たしかに甘くない世界ですが、逆に言うと1年経過すれば、その後はそこそこやっていけるんですよ」

Oさんの話では、200万円の元手で成功を収めた人もいるらしい。やはりアイディア勝負の世界なのだ。

次の成功者は俺だ……、とその前に本書を売りまくって資金を集めなきゃな。その際、また受講させていただきます！


（亦滑訓仁）

※取材協力『フーコム』（東京／デリヘル開業支援サイト）

【風俗業界の人材確保戦略最前線】

デリヘルの〝まかない〟を食べてきた！

風俗で遊ぶようになって約30年。楽しみ方は年齢によって変わってきている。その変遷を記すならば、値段重視からキャストさんのルックス重視へと変わり、現在はテクニック重視……といった感じである。

そんな中、一貫して変わらないのが、風俗後のお楽しみである。風俗店があるエリアで名店を探し出して名物料理を食べる、言うなれば〝風俗飯〟だ。

●まかないがある風俗？

いつ頃から筆者は風俗後のメシにハマったのか。

その発端は定かではないが、筆者は若いころに埼玉に住んでいたため、風俗＝上京であり、ハレの行為ということもあったのだろう。吉原で遊んだら浅草の洋食屋。池袋で遊んだら北口の煮込み屋……というパターンができている。風俗スポットごとに自分なりの〝風俗飯〟を持つことは、風俗ユーザーあるあるではないだろうか。

それはさておき、年齢を重ねても「五反田の取材だから、あそこのカレーでも食ってくるか～」、「新宿だから歌舞伎町のラーメン屋で……」という感じで一向に変わらない筆者の食生活。50歳を目前にして性欲同様食欲も衰えていない自分にいささか呆れる次第。

このように食への執着が強い性分であるから、他人が食べている物も気になる。それは風俗店に在籍するキャストさん然り。そのため、過去には様々なキャストさんに食べているものを聞いてきたが……。残念ながら彼女たちの食生活は恵まれているとはいいがたい。ハードな肉体労働をこなしているというのに、お粗末な食事しかとっていないということが多いのである。

それは売れっ子キャストさんでも同様だ。大金を稼ぐ売れっ子だったら、毎日ステーキや寿司などを食べているかと思っていたが、実際は待機場でコンビニ弁当やファストフードをサッと食べて接客に戻る日々である。なんとも侘しいのだ。

しかし、現在、この流れは少々変わってきている。SNSや写メ日記が隆盛の昨今、いわゆる〝映え狙い〟の写真のために、バラエティ豊かな食生活を意識するキャストさんが増えてきたのだ。キャストさんの中には、流行りのウーバーイーツでお取り寄せグルメにハマる人もいるらしい。実際、筆者がとあるデリヘル事務所を取材で訪れた時には、短時間の滞在にも関わ

「まかない」と称して写メ日記に掲載されていた料理の数々。これはウマそうだ！

らず、ウーバーイーツの配達人が入れ替わり立ち代わり食事を届けにきていた。

さて、そんな彼女たちの食生活を垣間見るのが楽しい……と、写メ日記サーフィンをしていたところ、あるキャストさんの日記に「今日のまかない♪　いつもありがとうございます！」とのキャプションで、美味しそうな中華系の炒め物定食の写真が添えられているのを見つけた。

まかないといえば、飲食店などで従業員のために作る料理のこと。それがなぜ風俗店で？疑問に思って調べてみると、彼女が在籍しているのはJK系のコスプレデリヘルとして業界で名の知られた『秋葉原コスプレ学園』を展開する『秋コスグループ』のお店であった。さらに調査を進めると、どうやらこちらのグループではキャストさんのためにまかないを出しているらしいことがわかった。

風俗店でまかないとは珍しい。これは究極の風俗飯ではないか！　ぜひ、食べてみたい！

そう思い、さっそく同社にコンタクトを取ってみた。

●巨大な炊飯器で炊かれる米

鶯谷にあるオフィスで対応してくださったのは『秋コスグループ』の広報Kさん。

まずは会社のこれまでの歩みを聞いてみる。『秋コスグループ』は、2019年8月の時点で11年の歴史を持つ。鶯谷を拠点に都内、埼玉、東北エリアにコスプレ系の風俗店や人妻店、ぽっちゃり専門店など、30店舗以上を展開しており、全店舗合わせてのキャストの在籍数は4000人近いという、風俗業界を代表する大手グループである。

そんな『秋コスグループ』では、なぜ、まかないを出しているのか。

「そもそも鶯谷というエリアが飲食店が少ないエリアでして。キャストさんはコンビニやほか弁で食事を済ませるケースが多かったんです。そこで、常に〝キャストファースト〟を考えている弊社の代表が、キャストさんに温かい物、家庭の味を食べさせてあげたいと思ったことが、まかないの始まりです。やはり、独り暮らしの女性も多いですから、そういう点も汲んでのことだと思います」

調理場に鎮座する巨大な炊飯器。ちなみに調理場は事務所の一角にある。

同グループのまかないが始まったのは8年前のこと。以来、まかないを週5日用意して、キャストさんをはじめ、鶯谷のオフィスで働くスタッフたちのお腹を満たしてきたという。

では、実際にまかないの作っているところを見せていただこう。

ある日の調理現場におじゃまさせていただくと……。料理を担当するのはデザインやサイト管理をされている2名の女性スタッフさんである。

調理場でまず驚かされたのは炊飯器の大きさだ。大小2つあったが、「今日は少ないので小さい方で炊いています」とは言うものの、それでも10合を炊いているというところがスゴいではないか。なお、大きな炊飯器では3升のお米を炊けるという。もはや相撲部屋か、運動

巨大な鍋で、これまた大量の豚肉を炒める

部の合宿並みの量である。

ちなみにこの日のメインのおかずはトンテキで、豚肉を20キロほど使っているという。もちろん、材料費は会社が負担だ。

●一度に100食を調理

気になったので壁に貼ってあった他の日のメニューを見てみると……『はんぺんエビチリ』や『シーフードカレー』『チンゲンサイと豚のさっぱり角煮』『ミートボールのトマト煮』と、1ヶ月間、毎日違った料理が名を連ねている。和食、洋食、中華といろいろあって、筆者がよく行く定食屋さんよりも充実しているではないか！　キャストさんの中には、好みのメニューに合わせてシフトを決めるコもいるのだとか……。それもうなづけるほどの充実ぶり

人気メニューだというカレーライス。具が大きくて、食べ応えがありそうだ。

である。

やはり風俗マニアとしては、キャストさんがどういうものを好んで食べるのかが気になる。

人気のメニューはあるのか、調理担当のスタッフさんに聞いてみると「キャストさんによって好みはまちまちだけど、一皿で完結するカレーライスや丼ものが人気かも」とのこと。それだけキャストさんは忙しいということだろう。

この日に用意するまかないは100食分。それだけ多くの食事を調理するのは大変では？

「たしかに2升、3升のお米になると、炊きあがったときに混ぜるだけでも一苦労です。そういうときは男性スタッフに手伝ってもらいますね。あとは食材の下処理ですね。たとえば肉じゃがは人気があるのでよく作っていますが、

完成した「トンテキ定食」。サラダに味噌汁、ひじきの煮物もついて栄養満点だ。

量が量だけにジャガイモの皮を剥くのが大変で……。下処理が大変だからという理由で封印したメニューもあるくらいです」

その代表的なのが餃子。風俗業は接客業なので当然、ニンニクなどのニオイは御法度なはずでは？

「そのニオイを出さないために、香りの強い食材は控えて餡を一から作るんです。評判はとても良かったんですけど、それをひとつずつ包んで焼いていくとなると……」

同様の理由で、ワンタンスープも人気であったが、ここ数年、メニューに上がることがめっきりと少なくなったそうだ。

さらには、日々、大量の料理を作っていることで、「家で1人前、2人前の少ない量の料理が作れなくなりました。どうしても味が濃くなってしまうんです（苦笑）」とのこと。さまざまな苦労があるのだ。

気になるまかないの味だが、これが実に美味。ごはんはふっくらと炊き上がっており、トンテキも大量に作るので肉汁がギュッと凝縮されていて、豚肉本来の甘みを感じる。副菜のひじき煮も素朴ながらも味わい深く家庭的な味で、一人暮らしの身だったら嬉しい限りだ。

食は人の生活の基本でもあるし、ここまで考えたメニューを出してもらえるのであれば、キャストさんもさぞかし嬉しいことだろう。

●他にもあった女性に嬉しい特典

「弊社ではこれらは〝待遇〟ではなく、あくまでもサポートの一環と考えています。私どもの仕事はいかに女性に気持ちよく、心地よく働いてもらうかが一番大切ですから。微力でもその原動力になれれば……」

そう語るKさん。実は『秋コスグループ』のキャストさんへのサポートはこれだけではない。

食後、Kさんに「ちょっときてください」と案内されたのは、大きな鏡の前にドライヤーや化粧品が並べられた部屋だった。ヘアメイクルームである。『秋コスグループ』の鶯谷オフィスには、公式サイトのプロフィール欄などに使う写真を撮影するスタジオがあり、なんとカメラマンやヘアメイクさんが常駐。メイクさんは他のエリアの事務所にも出向いてヘアメイクをこ

オフィス内にはエステサロンまで完備。キャストさんは格安の料金で利用できる。

なし、カメラマンも撮影を行う。

メイクさんの手が空いていれば、出勤前のヘアメイクもやってくれるそうだ。お客さんのもとへ一番キレイな状態で行くことができるというのは嬉しいサービスだろう。あるキャストさんいわく「お仕事の後に遊びに行くときもメイクさんの手が空いている時に髪の毛をセットしてもらえるから嬉しいです♪」とのこと。

驚くことはまだ他にもある。

なんとオフィス内にエステサロンまで完備しているのだ。エステで身体の疲れをとりつつ、ボディのメンテナンスを図ってもらおうというのだろう。

ちなみにこのエステサロンは一般のお客さんにも開放されているとのこと。施術料は一般的な相場よりもだいぶ割安になっているのだそうだ。

まかないにはじまり、ヘアメイク、エステなど、福利厚生がかなりの充実ぶりである。ここまで至れり尽くせりであれば、キャストさんもやる気が出るというものだ。

一般社会ではいま労働人口が減少し、働き手の確保の難しさが声高に叫ばれているが、それは風俗もまた同じである。風俗は何と言っても人が資本。この厳しいご時世の中、『秋コスグループ』が全店舗で4000人近くのキャストさんを確保できている理由は、女性目線に立った福利厚生ができているという点も大きいのだろう。

鶯谷の風俗店の待機場で熱々のトンテキをいただきながら、そんなことを思った次第である。

（子門仁）

※取材協力『秋コスグループ』（東京／デリバリーヘルス）

【大人のおもちゃはどうやって作られる？】

アダルトグッズ開発現場に行ってみた！

筆者は20年ほど前にイロイロな縁が重なり、ライター業と並行して、一時期、上野の小さなアダルトグッズショップで雇われ店長をしていたことがある。

アダルトグッズは意外と商品開発の回転が早く、1週間ごとに数種類の新商品が入荷してきた。しかし、なかには果たして本当に売る気があるのかと思う珍妙なネーミングの商品や、デザインがユニーク過ぎて開発者の感性を疑うような商品もあった。

当たり前のことであるが、どんな物事にもはじまりがある。たとえば、商品をひとつ作るにしても、最初に企画会議があって、それを具体化するためのデザイン起こしがあって……という流れだ。それはアダルトグッズでも変わらないはず。だとすると、なぜこうした奇妙な商品が誕生してしまうのか。店番をしながら、ずっと気になっていた。

アダルトグッズデザイナー、女屋かんぱち氏

●アダルトグッズ業界の革命児

そもそもアダルトグッズは、どのように作られているのか? どんな人がデザインを行い、形にしているのだろうか。それらの疑問を解き明かすために、筆者の持ち得る業界のコネクションを駆使して、ひとりのアダルトグッズデザイナーの仕事場に潜入することに成功した。

取材を受けてくれたのは女屋《おなや》かんぱち氏。筆者とは20年来の付き合いになるベテラン・アダルトグッズデザイナーである。

現在50代前半の氏がアダルトグッズ業界の風雲児と呼ばれるようになったのは、約15年前のこと。氏は従来の常識を覆す、萌え系アニメのキャラクターのような顔のエアーダッチ（空気で膨らませるタイプのダッチワイフ）を製造。続けて妹や従妹といった設定を被せたアニメ系のダッチワイフを市場に投入し、家系図付きのダッチワイフとして一部で話題を呼んだ。氏の開発欲は衰えることなく、「ローションと一緒に使っていたら、つかみにくいから」との理由でローターにスティックを装着した「スティック付きピンクローター」を開発。また、現在ローターやバイブのボリューム調整はプッシュボタン方式が主流になっているが、業界に先駆けてダイヤル式からプッシュボタン式に変えたのも彼である。

アダルトグッズ業界の革命児である女屋氏は、いったいどのような経緯でアダルトグッズデザイナーになったのか。オフィスにいた女屋氏を直撃してみた。

「もともとは絵を描いたりするのが好きで。まぁ、美術少年だったんだよね。だから、アダルトグッズ業界に入る前は画廊で額縁を作ったり。プラスチック製品のデザインをする会社では化粧品のケースのデザインをしていたり。それで、昔、アダルトグッズの自販機があったの覚えてます？　一時期、その自販機会社にいたんです。そこで中に入れるグッズのデザインをやったのが最初で。その後、取引先のアダルトグッズメーカーに引き抜かれて、そこから本格的に……という感じです。気が付けば、四半世紀もこの業界にいる（笑）」

ちなみに、女屋かんぱちはもちろん本名ではない。以前は女屋姦八と書いていた。この名前を名乗るようになったのは、１９９８年頃のある出来事がきっかけだったという。当時、彼がデザインしたグッズのパッケージに「スペースが空いちゃったから」と、ふざけ半分で『女性器デザイナー女屋《おなや》姦八《かんぱち》作』と書いた。氏いわく、「本当に意味もなく（笑）」だったそうだが、偶然にもその商品が売れて注目を集め、取材が殺到。その際に本名を出すことが憚られ、「だったら、ちょうどいいや！」という感じで名乗ったのがパッケージにあった女屋姦八の名前であった。

その後、「姦って字は戸籍上、名前には使えないから」と、これまた冗談半分で女屋かん八に改称し、さらに現在では女屋かんぱちを名乗っている。ひらがなにしたのは、後述の自分のメーカーを立ち上げた時に「未来に開くように、拓くように」という意味を込めたもの。ちなみに出版業界では「ひらく」には「漢字表記をひらがな表記に修正する」という意味があるが、「そういうのもひっくるめて今の女屋かんぱち」になったという。

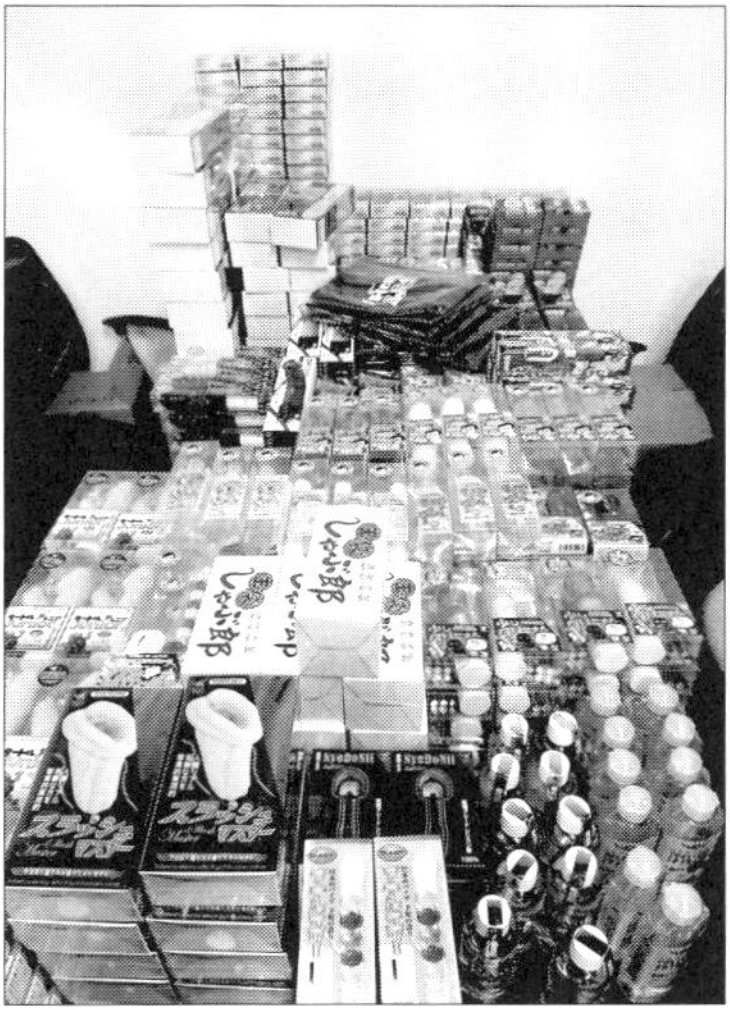

かんぱち氏がデザインしたグッズの数々

「女屋かんぱちをさらに極めようと思ったのは2011年ですね。それまで15年間、お世話になった会社から独立して自分のメーカーの『トベルカ』を設立したんです。会社勤めをしていると、どんなヒット商品を考えたとしても自分は会社員でしかないわけです。だったら全部自分でやりたいという気持ちが高まって。あとは女屋の名前が通用するうちに独立したかったこともあったかな」

この『トベルカ』ではデザインはもちろんのこと、会社のあらゆることを担当した。業界でも「あの女屋かんぱちが独立した！」と面白がってくれて、まずまずのスタートを切ることができた。2018年からは風天堂というアダルトグッズメーカーのデザインも手掛けるようになり、今なお業界のトップランナーとして君臨している。

●アイディアは降りてくるまで待つ

そんな彼の作業場は神奈川県某所のオフィスにある。アダルトグッズメーカーのオフィスなので、きっと変なものばかりあるのだろうと思っていたが、意外と普通のオフィスである。よく整理されており、アダルトグッズを思わせるようなものはほとんどない。

「まあ、いまはすべて〝この中〟で済んじゃうからさ」

女屋氏はそう言って机の上のデスクトップパソコンを指さした。氏の日常は基本的にパソコンの前に座り、デザインのアイディアが降りてくるのを待つ。もちろん、降りてこないこともある。「唸って考え出したものよりも、スルッて感じで浮かんだものの方が売れる」そうだ。

かんぱち氏の愛用パソコン。数々の問題作がここから誕生した。

また、「そもそも、俺、会議でアイデアが浮かぶからさ。会議って王将や日高屋で呑むことなんだけど（笑）」とも……。こんな感じで月に3、4点のグッズをデザインしている。

こちらとしては「取材用に何かデザインをしてくださいよ」とお願いしたいところだが、「そう簡単にいくわけないじゃん（苦笑）」と女屋氏。これが現実である。

それでも取材用にポーズとしてパソコンの前に座って考えてくれたが……アイデアに行き詰まったのだろうか。それとも筆者に背後からプレッシャーをかけられて疲れたのだろうか。スッと立ち上がって外へ……。ついていくとコンビニだった。

「実はデザインするにあたって、一番インスパイアを受けるのがコンビニの商品なんだよね。

コンビニの棚に並ぶ商品って、いくつもの商品の中から厳選されたものであって、並ぶというのはそれだけ洗練された商品だからデザインの参考になるんです」

ユーザーの求めるデザインの傾向は時代ごとに変わる。15年くらい前までは、たとえばバイブであれば本体にパールが何十個も入っており、それが回転するような「一言でいえば、コテコテなヤツがウケていた」とのこと。しかし、近年はシンプルでスッキリした、アダルトグッズに見えないデザインが主流になっているという。

「中には〝これ何のスティック？〟と思ってしまうような、一本棒のデザインのバイブもあるよ。ここまでシンプルになったのは、アダルトグッズが専門店よりもドン・キホーテやAmazonで売られるようになったことが大きいと思うんだよね」

デザインがシンプルになったことは、思わぬ副産物を生んだ。

製品が壊れにくくなったのだ。以前のようにゴテゴテしたデザインのものは、膣内と同時にクリトリスも責めるような突起物が付けられていたり、無意味に光ったりした。そういった余計なパーツが付くと、その分、故障する箇所も増えることになる。「物はシンプルなほど強く作れる」というが、まさにその通りなのである。また、シンプルな故に製造コストが抑えられるというメリットもある。

●デザインとは新しい何かを加えること

ところで、女屋氏のデザインに対する〝こだわり〟とは何なのだろうか？

「常に1つでも〝新しい何か〟を加えることですね。これまでにおそらく500以上のグッズデザインを手掛けてきましたけど、新しい商品にはユーザーさんにとっての新しい驚き、新しい喜びを与えられるような何かを盛り込みたい、という気持ちが常にある。あるけど……という時もある（笑）」

冗談交じりに語る女屋氏であるが、氏が手掛ける商品には意外性が多い。筆者も過去に何度も「え!? こんなしかけが！」と驚かされた記憶がある。アダルトグッズは愉しんで使うもの。驚きは重要な要素なのだ。

氏にはもうひとつ、商品を作るうえでこだわりがある。

それは「メイド・イン・ジャパンであること」、つまり日本製ということだ。日本製にこだわる理由は「割高になっても故障が圧倒的に少ないから」とのこと。また、海外で生産すると、やれ検閲やらなにやらと輸入するまでに時間がかかるという。日本製ならば生産コストは上がるが、より早くユーザーの手に届けることができるのである。

ところで、筆者は個人的にアダルトグッズについて気になっていたことがあった。

それは「開発者たちは実際に自分で使用しているのか？」ということだ。

アダルトグッズは正常に動作するかどうかも重要だが、それ以前に使って気持ちよくなければ意味がない。であれば、当然、実地検査は入念に行うはず。そんな疑問を素直に投げかけてみると……「もちろん！」とのこと。とくに試作品は微調整を繰り返すので、壊れるまで使うことが多いそうだ。なるほど、そうやってしっかり効果を実証してくれているのならば、こちらとしても安心して使うことができる。

そんな女屋氏が、これから作りたいアダルトグッズとは何なのか？

「21世紀に入った頃から実現したいと言い続けているのが、ＡＩ機能を搭載したダッチワイフ！　男性用はもちろんのこと、女性用も作る。これが自分にとって究極の到達点なんですよ。もちろん、まだ先のことだけど。実現させるためには、まずそのＡＩダッチワイフに搭載する可動式の性器の開発かな。たとえば女性器であれば刺激を与えるとクリが膨らんだり、男性器の場合は大きくなったり……これは不可能なことではないんです、現在の技術では」

実は女屋氏はこれまでに医療用の人工皮膚と同じ素材を用いたオナホールを開発したり、縫い目や継ぎ目のないシームレスダッチワイフの製造に成功している。アダルトグッズというファンタジーなカテゴリーの商品に、テクノロジーというリアルな要素を落とし込んできたのだ。もしＡＩダッチワイフの商品化が実現したら、アダルト業界はもとより、医療や介護の現場にも大きな影響を与えることになるだろう。

「だって、俺、ノーベル賞とか狙ってるもん（笑）。冗談半分に聞こえるかもしれないけど、アダルトグッズってカテゴライズされていても人のためになったっていいでしょ？」

アダルトの世界で日夜、アイディアと技術のイノベーションを図ってきた女屋かんぱち氏。知られざる大人のオモチャのデザイン現場にあったのは、どこまでも明るく楽しいエロであった。

（子門仁）

※取材協力『トベルカ株式会社』『風天堂』（神奈川／アダルトグッズメーカー）

【職人による完全ハンドメイドの逸品】

オナホール工場を見学してきた！

一時期前に雑誌やテレビなどの媒体で『大人の社会見学』なる企画がもてはやされたことがある。学生の時分に行った遠足気分で、人気商品の製造工場を見学してみようってコンセプトだ。思えば、俺も小学生の頃にパン工場や鉛筆工場などの見学に行ったたっけな。

でも、ビール工場やウィスキー醸造所を見学するのが〝大人の社会見学〟かい？　違うだろ、そこはアダルトだろ！　アダルトグッズの工場見学で〝本物の大人の社会科見学〟とキメるのが本書らしいではないか！　そう思って各メーカーをあたってみたんですけどね。どうも、その〜……見せたがらねえんだよな。まぁ、企業秘密ってこともあるんだろうな〜と薄々どころか二枚重ねくらいで思っていた。そしたら、あることが判明した。

「まず、バイブなどのプラスティックを使ったアダルトグッズは海外で作っていることが多いですね。もちろん、国産のモノもあるんですが、その場合は工場によっては〝子供の〟オモチャ

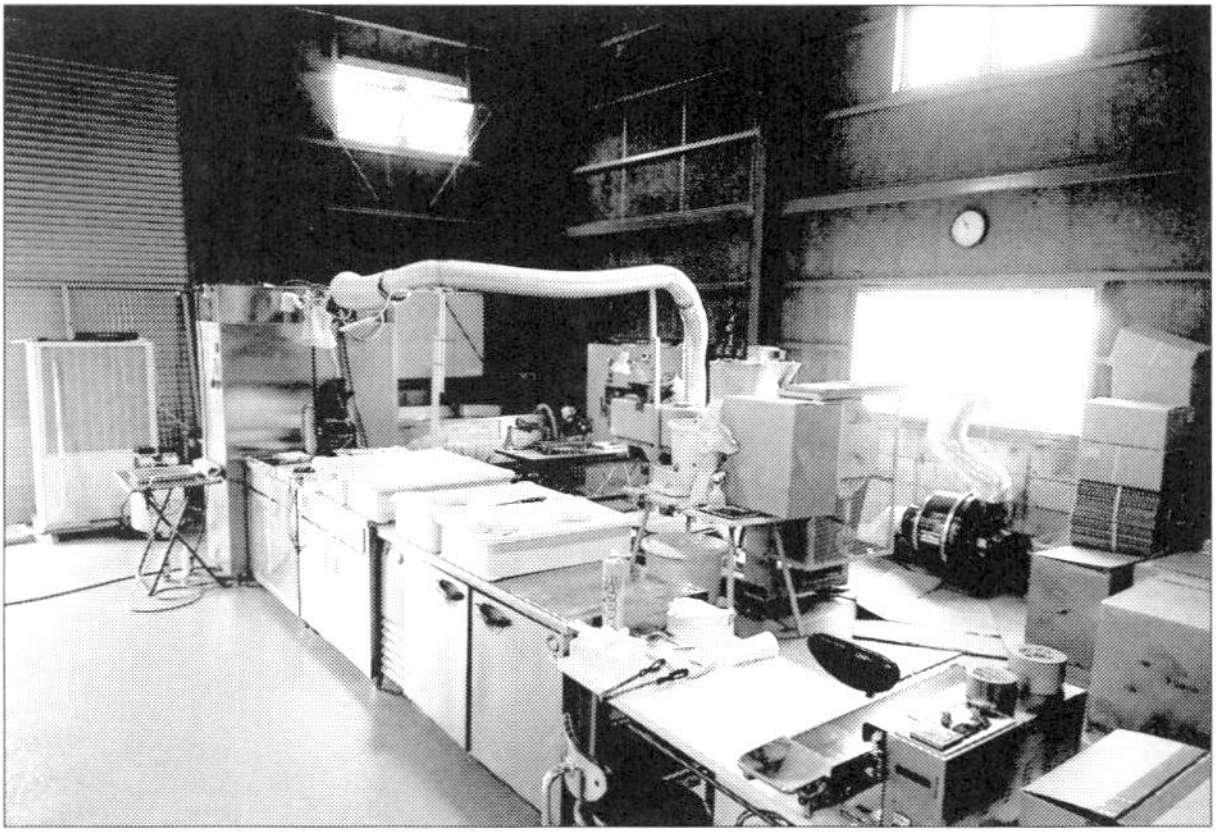
オナホ工場の全体図。工場内の一角にあった。

を作る合間にバイト的に製造しているところもあって、バレたらマズイので……」

教えてくれたのは、今回、取材を打診した某メーカーの担当者氏だ。

なるほどね〜。まぁ、モノがモノなだけに秘匿性は高くなるわな。仕方ない、『リアル大人の社会見学』の企画はボツってことで……と諦めかけたとき、前出の担当者氏より「明かすことができない事項が多くて制約はありますが……」と前置きされたうえで紹介を受けたのが、本項で紹介するオナホール工場だ。

●関東某所にある謎の工場

社名や工場の所在地は一切明かさず、どこのメーカーのなんという商品を作っているのかも書かない。秘密兵器の製造工場を取材するような厳密なルールを守ることを約束し、訪れたのは関東某所。指示された住所にはたしかに工場らしき建物があった。外観は一般的な小規模な工場兼倉庫といった感じで、傍から見ている分にはここでオナホールが作られているとは思えない。

迎えてくださったのはアラフォー世代といった感じの職人さん。さっそく工場内に案内されると……あれ？　場内の片隅にこじんまりと幾つかの機械がレイアウトされているだけじゃないですか！　俺、もっと大きな機械で次から次へとオナホールが出てくるライン生産をイメージしていたんですけど。

「大手メーカー……たとえばオナホールを世間一般に定着させたS社のTという商品はオートメーションで作っているという話を聞いたことがあります。だけど、うちは小規模ですから……」

職人さんはそう言いながら、大きな紙袋に入った粉を柄杓《ひしゃく》ですくって容器に入れた。どうやら、これがオナホールの素になる粉らしい。もちろん、この粉の正体も秘密ですよね？　そう思ったら、「エラストマーって言います」とのこと。えぇ？　アッサリと正体明かしすぎじゃないっすか？　後で調べたところ、エラストマーというのは弾性を持った高分子の総称とのこと。ゴムやシリコン、ポリエステルがこれに当たるということで幅が広い。正体明かしにはならない。セーフだ。

職人さんはエラストマーに色のついた素材などイロイロなものを調合し、容器の中でこね始めた。これからオナホールを作るところを見せてくれるらしい。これはラッキーだ！　ただし、なかに何が入っているかは企業秘密だ。

「まぁ、何がどれだけ入っているかを明かしたところで、他の工場でうちと同じものが作ることができるかといったら、そうじゃない。材料を同じ配分にしても、温度などの製造条件で質感や品質は大きく変わってしまうんです。今の品質にたどり着くまで、材料の配合と製造条件を調整し、トライアンドエラーの繰り返しでした」

そして、この調合した素材を通称・押し出し機と呼ばれる機械に入れる。グォングォンと音がしているのは、中で撹拌されているのだろうか。機械の中は熱くなっており、その熱によって溶かされたものが機械の先端にあるノズル部分から出てきた！　そこをすかさず撮影しようとすると……。

「すみません。金型で商品がわかってしまうことがあるので……」

そう言って接写を止められてしまった。

先端から出てきた溶液は、金型に流し込まれる。この流し込みの作業は手作業で、そうだな……ビールをサーバーからジョッキに流す感じに近いかもしれない。ほら、泡の立ち具合を調整する職人チックなテクニックがあるじゃないですか？　あんな感じだ。

【図解】オナホールができるまで

熟練した職人さんの手で、丁寧にひとつひとつ作られている
オナホール。その完成までの行程をここで見てみよう。

①エラストマーなどの材料を投入

②十分混ざったら機械に投入

③溶けたエラストマーを型に入れる

④冷水につけてしっかり冷やす

⑤固まったら型から抜いていく

⑥オナホールの外側が完成

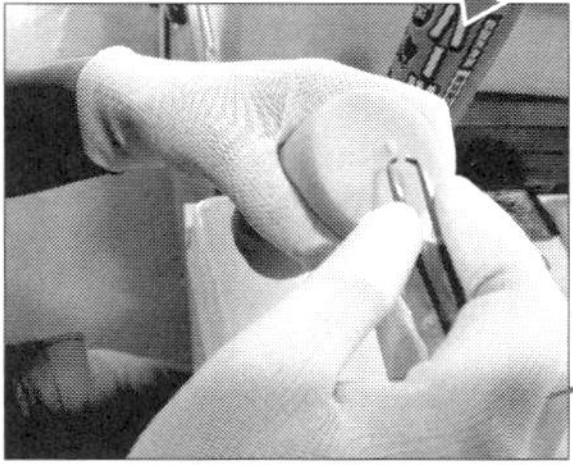

⑦中のピンを抜き、不要な部分を取る

⑧袋詰めが終わればこれにて完成！　あとは出荷を待つだけ

「手作業なのは金型に流し込むときに本体に気泡ができないようにするためです。絶妙なコントロールが必要なんです。だから機械に任せずに手作業なのです」

職人さんは筆者に説明しつつ、絶妙に金型を動かして溶液を流し込んでいく。熟練の技が必要だってことは素人の俺でもよくわかる。職人さんいわく、コツを得るまで2年の月日を要したそうだ。

そして、金型に流し込んだら冷やす作業へ……。それを眺めていたら、過去に同じような光景を見たことがあるような気がした。で、思い当たったのが、子どものころに小田原で見学した蒲鉾《かまぼこ》工場だった。魚のすり身を機械に入れる。するとノズルからニュルッと出てきて型に流す。そしてそれを固めて蒲鉾を作る。なにもかもソックリだ。職人さんにそのことを伝えると「たしかに遠からず、ですね（笑）」と同意してくれた。

続いては冷えて固まったオナホールを金型から抜く作業だ。実はこの冷却時間も職人の勘が必要とされる。

「目安の時間はありますけど、その日の気温や水温で微調整が必要です」

ということで、ちょうど良い色合いになった頃を見計らって水槽から引き上げて金型から〝ニュポンっ！〟って感じで抜くと、おぉ！　オナホールではないか！　ここで中に入っているピンを抜くと、本体にポコチンを突っ込む穴が開く。ちなみに、このピンこそがオナホール作りの要になってくるそうだ。そりゃそうだ。その穴の中でいかに気持ちイイかが決まるからであり、ミミズ千匹も数の子天井もピン次第ということで、当然のことながら撮影は禁止だ。

最後にはみ出した余分な部分を裁断。カタチを整えたら周辺にゴミなどが付着していないかをチェックし、全体にパウダーをまぶして袋に入れる。その袋を密閉したらこの工場での工程は終了。箱詰めにしてメーカーさんに発送すれば製造完了だ。製品をパッケージに入れるのは発売元であるメーカーさんの仕事であり、そこから問屋を通して皆さんの手元に届くというわけだ。

●オナホへのこだわり

ここまでの作業はほぼ手作業で行っているので、「1日に作れるのはがんばっても400個程度ですね」とのことだ。ちなみに職人さんは作業中、オナホールに素手で触らないよう、常に手袋を着用していた。こうしたことも手作業だからできる気遣い。ユーザーに安心して遊んでもらえるように……という心意気からやっていることだろう。

「ま、こんな感じです。溶かして固めるだけで誰にでもできる作業です」

職人さんは謙遜して笑う。その笑顔に職人としての矜持を感じた。

オナホを作るうえで大切にしていることは何だろうか。

「リアルを追求することも大事ですけど、オナホは締めつけ感が命じゃないですか？　でも、本物はこんなに締まらないだろう……という、そのリアルとファンタジーの境目をどこに持ってくるか」

このようなこだわりがあって〝名器〟は生まれるのだ。

普段、我々が使用しているオナホールは、このような工程で作られていることがおわかりいただけただろうか。まさか職人のハンドメイドだったとは、驚かれた方もいるのではないだろうか。もちろん、本稿で取り上げた工場はほんの一例に過ぎない。20年前までオナホを作る工場は国内に1、2社程度だったというが、いまでは20社以上に増えているという。その中にはオートメーションで生産している工場もあるだろう。

だが、生産方法の違いこそあれど、生産者がオナホに込めた思いは変わらない。職人さんへ感謝の思いを抱きつつ、オナホを使おうではないか。

（亦滑訓仁）

【風俗マニアライターズいちおしの風俗街】

海辺の風俗街・城東町に行ってきた！

本書では、あらゆるアダルトなスポットを訪れているが、編集部より「風俗マニアライターズがオススメする風俗街を紹介してほしい」とリクエストがあった。

日本にはさまざまな風俗街があるが、どこも個性的であるし、甲乙つけがたい。しかも、メンバーたちには、それぞれ一家言がある。そこで、子門仁、亦滑訓仁、三戸玲、そして、Hくんぺい（四国在住のためインターネット電話サービスで参加）が集まり、「オススメの風俗街を決めよう！」とアレコレ議論を始めた。果たして選ばれたのは？

●男たちの真剣討論会

子門　と、いうことで「オススメの風俗街」を決めたいのだが、実は今回の企画は最初「日本一の風俗街」を決めようという話だったんだ。

亦滑　〝日本一〟って謳ってしまうと、いろいろ問題があると思うんだよ。たとえばエリアの中での風俗店の軒数で決めるのか？　そうすると複数のエリアにキャストさんを派遣するデリヘルはどうなのか？　そもそもエリア自体の広さがまちまちだからね。

三戸　それならエリアの広さと店の軒数の平均値を出せばいいと思ったけど、かなり面倒くさい（笑）。

亦滑　数字的ではなく、印象的な、しかも我々の独断と偏見で選ぶのだから一番も何もないだろうって。

子門　たぶん、日本一を決めるとなると「新宿の歌舞伎町でしょ？」ってなると思う。しかし、私の見解は違う。

三戸　と、いうと？

子門　たしかに、歌舞伎町は日本が世界に誇る繁華街・歓楽街である。でもそれはあくまで繁華街、歓楽街であって風俗街ではないと思うんだな。歌舞伎町にはたしかに風俗店はある。ホテルヘルスの受付もあるし、案内所もある。しかし、それ以上に飲食店であったり、娯楽施設が多いでしょ？　そこを歩く人々の半分以上の目的は風俗じゃないでしょ？

三戸　なるほど。風俗目当て以外の人の方が多いので風俗街ではないと？

子門　まあ、感覚的なもんだけどね。だから、大阪のミナミも優良な風俗店が多いけど、風俗街とは言いたくない。

赤滑　頑固ジジイか！　まあたしかに歌舞伎町なんかは、浄化作戦後に外国人観光客がべらぼうに増えてスゴイもんな！　おかげで店舗型風俗店に入りにくくなっている（笑）。今でこそ、そこが風俗店だとわかっている外国人観光客も多いけど、昔はわからない外国の人も多かったからね。前にヘルスに入ろうとしたらアメリカ人観光客に止められて、「ココハ何ノ店デスカ？　キャッフェ？」みたいな。カフェの発音が良過ぎて最初はわかんなかった（笑）。

子門　その時、赤滑はなんて答えたの？

赤滑　実はさ、〝風俗店〟って英語がわからなかったからさ、「エクスタシースポット！」ってスマイルで答えたよ。

一同　（爆笑）

子門　それはさておき、個人的にはそういう観念だからね。同様に吉原も日本一の風俗街だとは思わない。あのエリアはソープランドしかないでしょ？　〝日本一のソープ街〟と呼ぶのには異論はないんだけど……。

三戸　子門さん、それ、偏屈ジジイですよ（笑）。

赤滑　じゃあ、オススメするのは？

子門　これは用途によるよね。たとえば、地方から友人が出てきて「ソープに行きたい」となったとする。その友人がソープ未経験者だったら、王道でも吉原に連れていくだろうし。吉原は激安店から高級店まであって予算に応じて使い分けられるから。

赤滑　そういう考えだったら「なんでもいい」って言われた時は、俺、池袋に連れていくかな。ホテヘルが多いから受付でパネルを見れるしさ。

子門　相手が風俗通のツワモノだったら、マニアックな場所へ連れていくけどね。たとえば四国在住のHくんぺいが上京した時は……。

H　俺、子門さんに船橋に連れていかれたけんね。

赤滑　もはや東京じゃねえじゃん！（笑）

H　で、子門さんが『ぽつん風俗に行ってきた！』に書いていた、すんげぇソープに行かされた……。

子門　あったね～、そういうこと（笑）。で、オススメなんだけど、当然のことながら日本全国に風俗街はあるわけだ。正規の風俗店が並んでいるという意味での風俗街で印象深いところはある？

三戸　15年前に初めて札幌のすすきのに行った時は「ここがすすきのか！」っていう感動があったかな。でも、風俗が飲み屋と一緒のビルに入っているからわかりにくいんですよ。

H　俺は「あくまでもキャバに行くんですよ」って顔で入れるから逆に気がラクじゃな。

亦滑　でも、すすきのって「キャバクラ」だって聞いて店に入るとセクシーパブだったりするじゃん。東京でいうところのキャバクラは『ニュークラブ』って言うんだっけ？

三戸　北九州でもキャバクラっていうとセクキャバのことで、通常のは『ラウンジ』って呼びますよね。

H　それを言うたら松山市の一部ではピンサロを『ファッションクラブ』と言ったり……。

亦滑　俺、中国地方の某県でソープランドって書いてあったのにサービス内容はヘルスで「え？」って思ったことがあるぞ。後で聞いたらその地方ではいわゆるファッションヘルスをソープランドと呼ぶとのことだった。

子門　はい、話を戻しますよ〜。オススメ風俗街だけど、私個人としてはHくんぺいが住んでいる愛媛県松山市の道後の風俗街は風情があってオススメだな。1階から最上階まで、すべてのテナントが風俗店の〝風俗ビル〟なんかがあったりして。なんといっても国の重要文化財の道後温泉本館の近くにあるっていう、そのコントラストも好きなんだよね。非日常的っていうかさ。関東の風俗ユーザーは一度は行ってほしいエリアだな。

H　今はなくなってしまったけど、道後温泉本館の斜め前の場所にソープランドがあったりしたけんね（笑）。

子門　松山の道後エリアは道後温泉の周辺にもデリヘルが多いし、実は日本有数の風俗街だと思うんだよね。私自身が以前、くんぺい君と一緒に松山で風俗情報誌を作ってた時期もあるから、そう思うんだけど。

H 自分の地元をプッシュしてくれるのも嬉しいんやけど、道後エリアは約300メートルくらいの道の両端に店があるだけやけんね。だったら同じ四国でも香川県高松市の城東町《じょうとうちょう》もオススメするけん。

子門&亦滑 あぁ〜、城東町があったか！

三戸 自分、行ったことがないんですけど、どういう場所なんですか？

子門 高松港に作った人工の半島の一部が風俗街になっているんだよ。

亦滑 夜とか港の灯りがともされて風情があるよね。俺、ビルの上の階にあるヘルスで遊んだ時にシャワールームから港の夜景が見えて、それがキレイで印象に残ってる。すげぇロマンチックだなって思ったたし……素っ裸でヒィヒィ言わされてなんだけど（笑）。

子門 亦滑の体験はさておき、たしかに城東町は、もっと全国的に知られてもいい風俗街だと思う。ソープにヘルス、たしかSM店もあるし……。と、いうことで、四国だし、Hくんぺい君にレポートしてもらおう。よろしく！

H え？

昼間の城東町。御覧のように風俗街が港に隣接している。

●情緒ある風俗街〝城東町〟

このような経緯で香川県高松市の城東町にやってきたHくんぺいです。

同じ四国の愛媛県松山市在住ですが……高松まではけっこう遠い。しかし、昔、働いていた会社の本社が高松だったため、土地勘はあるのでご安心を。ちなみに今回は現地で絶大な支持を得ている風俗情報ポータルサイト『アンダーナビ』さんに情報協力をしていただきました！

まず、城東町の場所だが、JR高松駅の東に1キロほど歩いた場所にある。先ほどの〝オススメの風俗街〟候補に上がった松山の道後エリアの場合、街の中心部から行くにはバスや路面電車を使う必要がある。主要駅から徒歩で行けるというのは、アクセス面から見てもオススメ度が高いかも……。

城東町は高松港に人工的に作られた半島にある。風俗街が密集しているのは2丁目で、もともとは明治時代に八重垣遊郭があったエリアだ。八重垣遊郭は戦後に赤線地帯になったが、1957年の売春防止法がきっかけで、現在のような正規の風俗店が建ち並ぶ街並みになっていったそうだ。

現在の城東町は、香川県条例で定める店舗型性風俗特殊営業の許可区域になっている。そのため、同エリアには店舗型性風俗特殊営業の1号営業（ソープランド）、2号営業（ファッションヘルスなど）の店がある。正規の店であるということは、安心して遊べるということである。その点も我々風俗マニアライターズが城東町をイチオシする理由だろう。

自分が城東町に通い始めたのは成人してからなので、4半世紀以上前のことになる。当時はソープランドしかなかったものの、松山の道後に比べると、なんて煌びやかな町なのだろうと思っていた。亦滑氏も言っていたが、港だから夜景が美しい。とくに風俗店のネオンはカラフルなので、それが湾の水面に映って波に揺れると、とにかくロマンチックである。もし背後が風俗街じゃなかったら、女のコを口説くのに最適なスポットではないか？　そう思わせる景色が広がる。

あと、昼間に歩くと時間帯によっては「暗いなぁ～」と思ってしまうかも。と、いうのもビ

夜の城東町。風俗店のネオンサインが海面に美しく反射している。

ルを丸ごと1棟使っている店舗もあれば、1つのビルに複数の店が入っていることもある。つまり、ひとつひとつの建物が高くて日陰ができる。だからといって、ネオンを点けない店もあるから、昼間歩くと少し寂しい感じがしてしまうのかもしれん。効率的な町並みではあるけれど、その点はもう少し明るい雰囲気に改善しても良いかも。だが、時おり、潮風が鼻先をくすぐるのは港町だという感じがして個人的には好きなポイントだ。

●リピーターにもビギナーにも優しい色町

『アンダーナビ』さんによると、城東町で営業する風俗店の8割がソープランドで、残りがヘルスだという。城東町のソープランドといえば、以前はスタンダードなものが多かったが、ここ最近はメイド系や痴漢系などのイメージプレイをコラボさせた店も増えている。伝統がありつつも変化を厭わない、そんな柔軟なところも城東町の魅力の一つだろう。

風俗街の良いところは訪れる人の十中八九が遊び目的だから、行き交う人と妙な親近感を持てるところだ。城東町は規模が手ごろで、店も探しやすいのでディープユーザーはもちろんのこと、ビギナーさんでも遊びやすいと思う。店選びに困った時は今はスマホ時代やから『アンダーナビ』さんのような検索サイトを頼れば好みの店が見つかるだろう。

そして城東町でスッキリした後は、ぜひとも高松観光へ。城東町の周辺には見どころがたくさんある。讃岐うどんの食べ歩きをするのもいいし、栗林公園やエヴァンゲリオンでおなじみになった屋島といった観光スポットを巡るのもいい。高松を代表して、皆様のおいでをお待ちしております。

（Hくんぺい〈風俗マニアライターズ　四国支部〉）

※取材協力『アンダーナビ』（https://www.undernavi.com/）

気になるコラム②

【射精を補助する看護師がいる!?】

検証！ 採精室の都市伝説

風俗に通い始めて四半世紀以上。時々、「俺、今までどんだけのザ○メンを放出してるんだろ？」って思ってしまう。それにしても、50歳を目前にしてザー○ンが薄くなっている気がするな～。大丈夫か、俺？

それはさておき。読者の皆さんは『精子チェック』をしたことって、あります？ 俺はあります、産婦人科で。そう、ここで取り上げるのは女性のみが利用すると思われている産婦人科にある採精室のことだ。

ちなみに〝採精室〟とは精子検査のための精子を採取する部屋のこと。そこで自慰行為をして容器の中へ発射。そのまま精子を検査に回すというものだ。

利用したのは今から10年前のこと。目的は純粋な精子チェック……ではない。実は都内の某産婦人科医院に「ひとりでは発射できない男性患者のために、サポートナースがいる」という

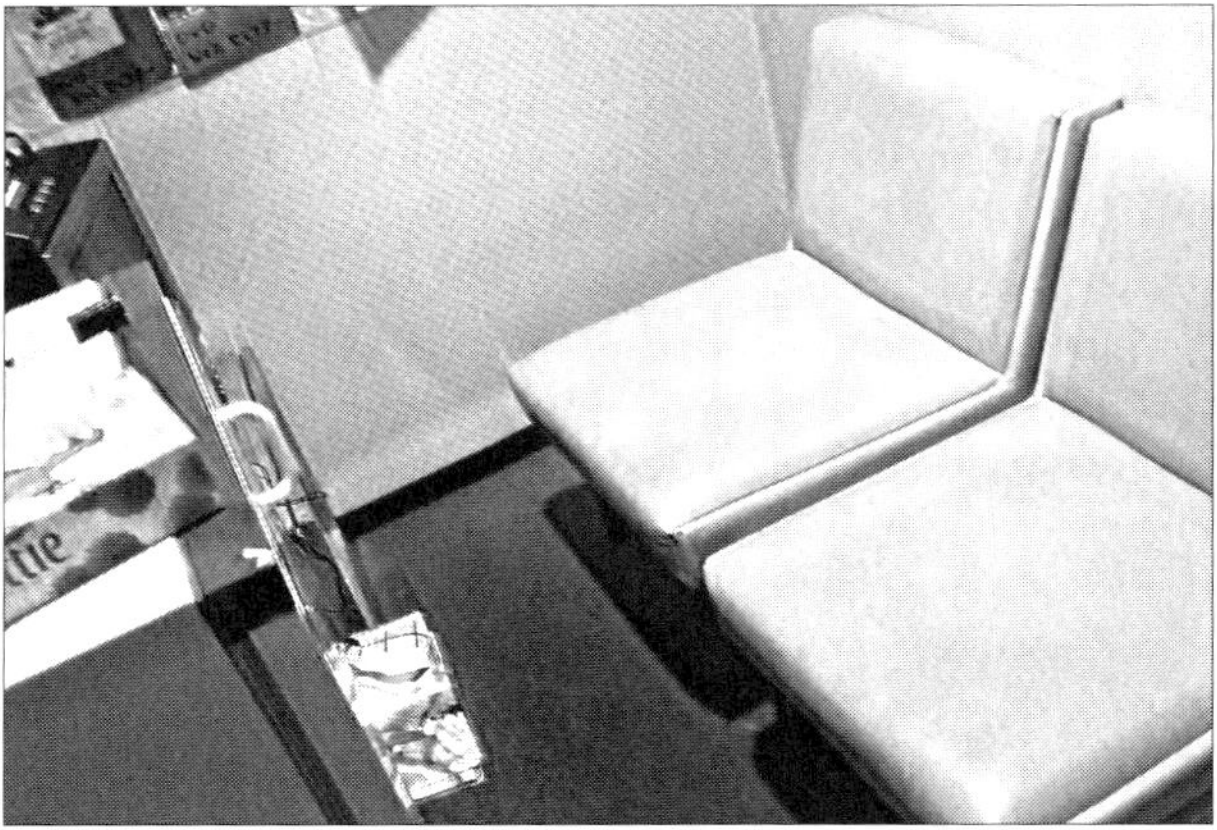

採精室の内部。御覧のようなイスに座ってシコる

まことしやかな噂があり、実話誌の依頼でその検証のために潜入したのだ。

まぁ、このテの噂というのは都市伝説的に存在するもの。俺も当初は「どうせ眉唾だろ」くらいに考えていたのだが、調査をしてみると「20分を過ぎて部屋から出てこない男性がいると現れる」とか「精子の採取が目的なので、余計な雑菌が入らないようにフェラはご法度。消毒したゴム手袋による手コキのみ」などといった、やけにディティールが細かい話が出てくる。それを聞いているうちに、もしかしたら……という思いが湧いてきた。

「精子の数が不安で……」と申し出ると、検査は簡単に予約を受け付けてくれた。

指定の日時に病院に行くと、2階の廊下の奥にある『作業室』と書かれた部屋に案内された。

ブレていて恐縮だが精子保温庫。「37.0」とあるので37度に保たれているようだ

さすがに『採精室』とは書けないよね〜。

「そこの容器に出したら、すぐにフタをして保温庫に入れてください。部屋を出たら、ナースセンターによって採精が終了したことを教えてください」

案内してくれた年配のナースに実務的に説明を受ける。ナースが出ていった後、部屋の中を観察する。部屋の広さは2畳程度だろうか。小さなテーブルに保温庫と小さなフタ付きのビーカーのような容器が置かれていた。また、ソファの前に小さなテレビがあり、何かの機械が接続されている。なんと、VHS再生機ではないか。しかし、10年前ですよ？　それなのにVHS……。しかもセットされているのはたったの3本なので、選択の余地が限られている。

部屋を見渡すと、2次元派のためにエロ本も

VHS再生機を３台連結したテレビ

用意されていた。何気なくそのうちの一冊を手に取ってみると……これが偶然なんだけど、俺が原稿を書いているエロ本なんだよ！　病院側にこっちの狙いが見透かされているようでビビってしまった。

　そんなこんなで、とりあえずザーメンは出さなきゃいけないのだが、噂の検証がテーマなので20分ほど待ってみなくてはならない。時計とにらめっこすること20分、ついにサポートナースが現れる……はずがない！　と、ここで冷静になった俺。「遅漏と思われたらイヤだ」というプライドもあって（←そこか？）、慌てて容器に発射して部屋を出た。まぁ、予想通りといえば予想通りだったけどさ。俺としては採精室の内部が見られて経験値が上がったけど……まぁ、それだけの話だね。

（亦滑訓仁）

【第三章】もっとディープな気になる〝アソコ〟

【神秘の黄金水…そのお味は？】
痴女の聖水を飲んできた！

「究極の選択ってあるじゃん？　〝カレー味のウ○コとウ○コ味のカレーのどちらを食べる？〟ってやつ。あれ、ウチらの世界からしたら、どっちもどっちなんだよね〜。究極でもなんでもないわ！」

風俗ライターになりたての10年前に、某ＳＭクラブの女王様にインタビューで言われたことです。女王様はこの後、スカトロプレイについて熱く語ってくださったのですが、自分はそれを聞いて唖然としました。

ソープやヘルスは取材や遊びで体験していましたが、まさか排泄物を浴びたり、食べたりするようなプレイがあるとは……。ボクは基本的にスタンダードな人間ですので、そういうプレイにまったく興味がありません。今後も絶対にそうした場所には関わるまい。そう強く誓っていたのですが……、まさか本書の企画で行かされることになるとは、夢にも思っていませんでした。

●信じられないようなパワハラ

発端は本書の企画会議です。どういう場所をラインナップに加えるか、ライター陣で集まって話し合いをしていたのですが、話の流れで各メンバーのNG項目の話題になりました。

「ボクはアブノーマルなプレイがダメですね。スカトロとか」

そんな感じで言ったはずなんですが、なぜか亦滑先輩は「へえ、じゃあ聖水プレイは大丈夫だな。頼んだぞ」なんて言ってきたんです。この人は話を聞いているのか？　そういうのは嫌だって言っているのに。

「大便に比べれば、小便なんてたいしたことないだろ。何事も経験だ。つべこべ言わず、行ってこい！」

このご時世、信じられないようなパワーハラスメント。しかし、風俗マニアライターズの下っ端である自分に拒否権はありません。ということで、『聖水プレイ』を取材することになったのです。

しかし、他人の小便を浴びるなんてまったく気が進みません。

締め切りが迫る中でもヤル気が起きず、気持ちだけが焦っていったのですが、偶然、聖水プ

聖水プレイを引き受けてくださった凌さん

レイを体験できる機会が巡ってきました。

別件の取材で知り合った凌《りょう》さんが、聖水プレイをやってくれるというのです。

凌さんは北海道北見市で出張M性感店『PhilippePetit（フィリッププティ）』を運営するキャストさんであり、メーカーから注目されてAVへの出演経験もある、今、業界で注目を集めている存在です。同店では有料オプションとして『聖水』があり、人気とのことなので、体験させていただくことにしました。

●ミッション1：聖水を浴びるべし

いよいよ体験当日、まずは凌さんにお話を伺います。そもそも、どうしてお客さんは小便を欲しがるのでしょうか？

「崇拝する女王様や痴女の身体から出るものをいただけるからでしょうね。しかも、なかなか見られない秘部を間近で見られるじゃないですか？　至高の時間になると思いますよ」とニッコリ。物腰は柔らかいですが、高貴な雰囲気もある凌さんにそう言われると、たんなる小便が〝聖なる水〟に思えてくるから不思議です。

「じゃあ、あなたにも引っかけてあげるわ」

そう言ってバスルームに連行され、床に寝かされました。この時は内心「なんでこんな目に……」と抵抗感があったのですが……。

聖水発射の角度を再現

「準備はいいかしら」

下半身むき出しの凌さんが筆者の身体をまたぐようにして立ちました。こういう角度で女体を見る機会は初めてなので、なんだか新鮮な気分です。

「出るところを見なさい」

秘部を凝視しながら、その瞬間を待ちます。アソコがヒクヒク動いたかと思うと、ジワ～っという感じで聖水が出てきました。ほとばしる聖水が筆者の股間のあたりを濡らします。

（あ、熱い！）

想像していた温かさよりもずっと熱くて驚きました。ジョワジョワと聖水が注がれると、かけられた周辺にジワ〜っと熱さが広がっていきます。なんだか、その熱くなっている部分を凌さんに凌辱されているような……それが初めての聖水プレイの感想です。

●ミッション２：聖水を飲むべし

と、ここまでの経緯を風俗マニアライターズの先輩方に話したところ、意外な反応が返ってきました。

「え⁉　飲んでないの？」

いや、こっちが「え？」ですって！　なんで飲まなきゃならないんですか！

「なんで飲まなきゃならないかだって⁉　それが『聖水プレイ』の醍醐味じゃないか。お前がやってきたのは、ただ小便を浴びただけだ！　もう一回、やり直してこい」

鬼のような形相で再取材を命じられました。そこまで言うなら自分でやればいいじゃないか……と思いつつも、先輩の命令は絶対。ということで再び『聖水プレイ』をやっている風俗店の調査を開始します。

当初はプレイの性質上、ＳＭ系やＭ性感系の風俗が多いのかと思っていましたが、調べてみるとそうでもないことがわかりました。普通のデリヘルのオプションでも聖水はけっこうあるんですね。ただ、その場合はライトな放尿シーン鑑賞という内容になることが多いようです。若いキャストの店だけでなく、人妻・熟女系で聖水オプションを用意している店もありました。人妻・熟女の放尿シーンに興奮する人もいるんですね。中には〝持ち帰り用容器〟を用意している店もありました。小便を持って帰ってどうするんでしょうか。

どうせ飲むのであれば、やはりここは若いコの小便を……。そう思い、在籍キャストが20代中心というスタンダードなデリヘルで聖水プランをオーダーしてみました。

やってきたのは20代前半のギャル系キャスト。しかし、異様なまでにテンションが低いです。さっそく聖水をお願いすると、ダルそうに「聖水ですかぁ？　汚いからイヤなんですけどぉ～」と言うではありませんか！　そもそもこっちはオーダー時に聖水オプションを付ける旨を伝えているんですよ。しかも、キャストが到着したと同時に聖水オプションを含めた料金も支払っているんです。イヤだったら最初から断れよ！

さすがにイラっときたので「じゃあ、やらないってこと？」と問いただすと、「そういうわけじゃないけど～」とふてくされるキャスト。結局、「いま出ないし～」と最後まで出してくれませんでした。店との交渉の結果、オプション料金は返してもらうことができましたが、これで一件落着……なのでしょうか？

●ミッション3：ベテランキャストの聖水を飲め！

では、プロ意識の高いベテランキャストさんならばどうなのか。

ということで続いては池袋の熟女デリヘルにオーダーを入れました。こちらのお店もバッチリ聖水オプションありです。

やってきたのは、40代半ばのキャストさん。「もぉ変態ねぇ～」と出す気マンマンです。

さっそくバスルームに移り、仰向けに寝転びます。キャストさんが筆者の顔をまたぎ、放尿体制に入りました。ついに小便を飲むのか……。そう思った瞬間、お腹の底から嫌悪感が湧いてきました。キャストさんはノリが抜群で、とても良い方なのですが、自分にとっては少しオバさ……いや、お姉さま過ぎて、申し訳ないのですが飲む気になれず……。

しかし、一度出始めたものは簡単には止められません。キャストさんの秘部がぴくっと動いたかと思うと、勢いよく筆者の顔にしぶきがかかります。そうなった時の人間のリアクションをご存知でしょうか？　目も口もギュッと閉じてしまうんですよ、身体が拒んでしまって。なんとか口を開こうとしたのですが、無理でした。ただ、鼻から数滴入ってきたのでしょう。アンモニア臭が鼻の奥に広がって、「ウッ！」とえづいてしまい断念。挑戦は失敗に終わりました。

筆者が小便まみれでうなだれていると、熟女キャストさんが優しく声をかけてくれました。

「たぶん、ニオイがダメなんでしょう。どうしても飲みたいんだったら、鼻をつまんで飲んでみたら」

ということで、時間をおいて（その間、キャストさんはがんばって1リットル近くの水分を摂取してくれました）再チャレンジ。今度は蛇口から直接いくスタイルではなく、一度コップに注いだものを飲むことにしました。

陰部にコップをあてがうと、みるみるうちに黄色く色づいた液体が溜まっていきます。

「さあ、がんばって！」

鼻をつまみ、小便がなみなみと注がれたコップを口元に持っていきます。まずは一口……そう思い、口をつけた瞬間「うっ！」。それ以上、飲むことができません。どうやらニオイではなく、筆者にとって産地が重要な問題のようです。ほんの数滴、口の中に入ってきた聖水の味は……苦い？　やはり数滴ではよくわかりません。

●ミッション4：ようやく飲めた聖水の味は？

もうこれでいいか……。一度は諦めかけましたが、筆者もプロの風俗ライター。ここで引き下がっては男がすたります。

数日後、プライベートである若妻デリヘルで遊んだときのこと。メチャメチャ好みのキャストさんがきてくれました。年齢は25歳と若く、某グループのセンターレベルの可愛さなんですよ。そのとき、フと思ったんです。

「これは天がくれたチャンスなのではないか？」

キミの小便なら飲める。彼女の顔を見た瞬間に確信したんです。

本人に確認したところ、「もちろんＯＫ！」ということでコースプランを変更して、聖水オプションを追加。「用意していなかったから」と序盤は水分を摂りつつ通常のプレイを。これがけっこうな攻め好きの若妻さんで、いわゆる痴女タイプでした。

そして「そろそろ大丈夫そう」ということでバスルームへ。「飲むんだよね？」と再確認され、うなずく自分。仰向けに寝かされて、顔面騎乗の状態になり、有無を言わさずに放出されました。これでは否が応にも口の中に入ってきます。

身体にかけられたときと同様に、まず最初に〝熱さ〟を感じました。例えるならぬるめの熱燗を口に含んだような温かさです。続いて味覚がやってきます。味は若干苦い……いや、しょっぱい！　ん？　でも、少し甘味も感じるかも。そんな複雑な味です。ちなみに先輩に聞いた話ですが、以前、聖水やザーメンを口にしただけで、そのお客さんが糖尿病であるか否かがわかるキャストさんがいたのだとか。それだけ聖水にはその人の体調が出るということでしょうか。

聖水をゴクンと飲み干そうとすると、喉のあたりが沁みるような刺激を感じました。やはりアンモニアが含まれているからなのか。と思った瞬間、「ウゲッ！」と吐き出してしまいました。しかし、仰向け状態で、しかも顔面騎乗されていたのでうまく吐き出せず、鼻と目に聖水が……。これが実に目に沁みるのなんの。

今回、聖水プレイを体験してみて感じたのは、人間の奥深さです。凌さんの聖水を浴びたときの熱量は、聖水の温もりを超えた〝熱さ〟でした。相手の排泄物を受け止めるという行為は、相手に対する信頼や愛情が不可欠。そういった意味では、聖水プレイは風俗レベルが極めて高い遊びと言えるのではないでしょうか。

今回、自分は聖水をガブ飲みするまでには至りませんでしたが、まだまだ風俗レベルが低いということなのでしょう。聖水の魅力とは何なのか。その神髄に触れるためにも、これからも風俗道を精進していきたいと改めて思いました。

（三戸玲）

※取材協力『PhilippePetit』（北海道・北見／デリバリーヘルス）

【禁断の秘技〝兜合わせ〟の衝撃】

ニューハーフ風俗で遊んでみた！

ファッションヘルス、デリバリーヘルス、ソープランド、SMなど、あらゆるジャンルの風俗で遊び尽くしたユーザーが最終的に辿り着く場所。それは『ニューハーフ風俗』ではないだろうか。

ニューハーフ……改めて説明をするまでもないが、簡単に説明すれば本来は男性として生まれながらも、性的指向によって女性として生活している人を指す。そのニューハーフがキャストとして在籍し、客（男性）にサービスを施す業種が『ニューハーフ風俗』だ。

その内容は、基本的に女性キャストが男性客にサービスを行うオーソドックスなファッションヘルスのそれと変わらない。つまり、ニューハーフにキスをされたり、全身リップをされたり、フェラをされてフィニッシュ……という流れだ。

●脳裏に刻まれた苦い記憶

ニューハーフ風俗はいつごろ誕生したのだろうか。

なお、歴史としては都内で元祖を名乗るニューハーフ風俗店が、１９９０年代初頭に風俗情報誌に広告を出しているのを見たことがある。つまり30年くらいは歴史があるのだと思う。ニューハーフの蔑称として用いられる〈オカマ〉という言葉があるが、その語源は江戸時代の男娼・陰間とする説もある。男が男を男に売る商売は、少なくとも江戸時代には存在していたことになる。そう考えると、ある意味ではニューハーフ風俗の歴史は長いということになる。だが、そもそも風俗というのは、可愛い女のコとイチャイチャしたくて通うものである。普通に女性が好きな筆者としては、これまでまったく興味が湧かなかった。というよりも、正直に言って避けていた部分がある。

その理由は二十数年前に遡る。

当時、筆者は某実話誌で仕事をしていたのだが、編集部から依頼を受けた。今では超大物になったある芸人がニューハーフヘルスで遊んでいる、というタレコミが編集部にあったのだ。ウラを取るなら店に話を聞きにいけばいいのだが、せっかくだから潜入取材（アポを取らず、身分を隠してサービスを受け、記事を書く取材方法）してきてくれと頼まれ……いや、押し付けられたのである。

その芸人がハマっているというニューハーフはＡＶにも出演していた。そこで出演作品のパッケージを見てみたら、なかなかの美形である。体形もスレンダーで〝男だ〟と言われなければ気づかないかもしれない。当初はイヤイヤ行かされる気分だったが、これで少しヤル気が出た若かりし頃の筆者である。

その店は品川区某所のマンションの中にあった。そしてプレイルームもマンションの普通の部屋であった。店構えだけ見れば、当時、都内に無数に存在した普通のマンションヘルスと何ら変わらない。

「お待たせぇ〜」

鼻にかかる声であいさつをしてきたニューハーフを見て、筆者は驚いた。なにしろ身長が180センチ以上と大きい。それに異様にガッチリしている。胸は手術済みだったが、お世辞にも成功しているとはいえず、はっきりシリコンとわかるものが胸部に〝付いている〟感じだ。そして顔は……ＡＶのパッケージとは違って、単なる化粧をしたオッサンでしかない。この時点で戦意喪失である。

シャワーを浴びながら、ＡＶのパッケージと印象が違う件をそれとなく問いただすと、「パッケージなんて修正しまくりよ」と言い放たれた。そして、件の芸人の話を聞き出そうとするが、「さぁ？」と話をはぐらかすニューハーフ。こっちはその件が目的できているのだ。そう簡単には引き下がるわけにはいかない。プレイ中も芸人の話を聞き出そうとしたら……。

「だったらさぁ、その芸人と同じこと、してみる？（ニヤリ）」

ニューハーフはそう言うやいなや一度部屋から出ていき、3分後に何やら道具を持って戻ってきた。それはスケスケのネグリジェ、カツラ、化粧品であった。有無を言わさずに筆者に女装を強制するニューハーフ。そして、「あの芸人さんは、こういうことをしたの」と、鏡の前で筆者を弄ぶ。そこに映っているのは当然、おぞましいシーンである。

さらに、「あの人（芸人）、喜んでやってたわよ」と、筆者の口にポコチンをネジ込んでくるではないか！　そう、フェラだ。たしかに筆者はM性感やSMが好きだから、女王様への御奉仕としてペニスバンドをフェラしたことはある。しかし、今回はペニスそのものだ。口の中でムクムクと膨らんでいく、ニューハーフのペニス。地獄のような時間である。それでも記事が話題になればライターとして本望だったが、なんとその雑誌が直前になって発行中止。結局、記事もお蔵入りとなり、原稿料も振り込まれず、まさに掘られ損になってしまった次第。

●キワモノだったニューハーフもいまや…

この一件以来、ニューハーフはトラウマになっていたわけである。

しかし業界内の評判では最近のニューハーフ風俗は以前のキワモノ扱いから、ずいぶん変わってきているという。とにかくニューハーフのレベルが格段に上がっているというのだ。

しかし、そうは言っても、結局のところ男は男。半信半疑でニューハーフ風俗のサイトをチェックしてみると……これは！　驚いたことに、見た感じは普通の女のコ……いや、それ以上のレベルのキャストもいるではないか！　しかも、出演した作品紹介もある。つまり、彼（彼女？）らはＡＶ女優でもあるということだ。

ここまで変化しているならば、潜入してその最新事情を読者に届けないわけにはいかないだろう。ということで、筆者は都内某所にあるニューハーフ風俗に予約を入れた。

オープンしてまだ日が浅いというその店は、驚いたことに店舗型風俗店だった。今となっては新規で店舗型風俗店をオープンするのは難しいハズだ。しかし、ここにニューハーフ風俗たるカラクリがあるようだ。どうやらキャストが男性なので、男性客に性的サービスをしても風営法に抵触しないらしい。その辺りの線引きは割と微妙なようで、性別適合手術を受け、戸籍も女性になった者がキャストとして在籍していたら、その時点で店はアウトになるとか。なかなかグレーゾーンな世界なのである、ニューハーフ風俗は。

●ニューハーフか、女装子か

さて、受付でお相手を選ぶわけだが、キャストによってプレイ料金に差があることに気が付

潜入したニューハーフ風俗はこのドン・キホーテの近くにあった

いた。スタッフに説明を求めると「安い方は女装子です」とのこと。ニューハーフキャストに比べると５０００円ほど安い。70分で大１枚小５枚といった感じの値段だ。

女装子……文字通り女装をしている男のことだ。ニューハーフとの違いは常時、女性として生活しているのではなく、普段は男性として生活を送っている。

「基本的に身体をイジってなくて、髪も自毛ではなくウィッグ（カツラ）をかぶっています。その点の不自然さが気にならなければオススメですよ」とスタッフ氏（この方も女装子でした）。そう、これこそが最近、流行っているニューハーフ風俗の新しい形というものだ。女装子オンリーの風俗店もあれば、今回、潜入した店のようにニューハーフと女装子が混在しているところもある。結局、迷いに迷い、パネル写真がなかなか可愛かったこともあって、気付けば「女装子コースで……」と言っている自分がいた。

お相手のA嬢は……手入れを怠っていないのだろう。すべすべの肌で女性らしさ満点だ。しかし、というか、やはり筆者よりデカい。180センチ近いのだ。それでもスレンダーなので、モデル系の女のコに見えなくもない。顔の造作も女性に近くて、ぶっちゃけ男には見えない。ただ、ウィッグを着けているからか、頭髪の不自然さはぬぐえず。それでもルックス的には当たりの部類だろう。ちなみに声は作っているのだろう。やや高めな声色だ。ニューハーフのように鼻にかかったような声とは違うが、ここで好き嫌いが分かれるところだろう。

●秘技〝兜合わせ〟が炸裂！

まずはシャワーを浴びるために服を脱ぐ。身体はイジってないので、真っ平な胸にブラをしている。A嬢いわく「ブラをしないと洋服のキレイなラインが出ない」とのこと。そしてシャワーだ。カツラの毛を束ねると顔全体が露わになり、顎などの骨格を見て「あ、男じゃん……」という感想を抱いてしまう。それよりもだ。A嬢の男性自身が筆者より大きいのだ。身長だけではなくチン長も負けた……しょうもない冗談が出てきてしまうほどである。

プレイはいわゆるヘルスの内容と一切変わらず。ただ、たまたまA嬢がそうだったのかキスはなく、いきなり全身リップとなった。その最中に、時折、当たるのである、アレが。責めていて興奮してきたのか、若いからか筆者よりもビンビンになっていて、モロに「イチモツだ」とわかるほどである。

その後、フェラに移ったが、男なだけにツボを押さえているというか、舌づかいが絶妙。昇天しそうになるのを耐えていたら、ついにきた！　ニューハーフ・女装子風俗ならではのフィニッシュが。それは、ローションまみれのポコチン同士を重ねて2本同時にシゴく『兜合わせ』なる技だ。これぞ非日常の極み……、倒錯感と背徳感で一杯の中、果てたのであった。

プレイ後、少し時間があったから、自分が女装子風俗初体験であることを打ち明けたうえでA嬢にイロイロと話を聞いてみた。話を要約すると、彼は普段は都内の某私大に通う学生で、普通に女性の彼女もいるという。こういう仕事に抵抗はないのか。

「ほら、最近、ブームじゃないですか、女装が。だから大丈夫です」

なにが大丈夫なのかわからないが、まっすぐな視線で答えるA嬢。設定を忘れたのか、いつのまにかハキハキとした男口調になっている。きっと普段は好青年なのだろう。だが、こっちが聞きたかったのは「女装するのに抵抗がないのか？」ということではない。彼女がいるのに、男に抱かれるということはどう思っているのか。

すると、あっけらかんとした感じで「あぁ〜、このバイト、時給がいいんですよ。それに女装すると〝別モノ〟になれるんです」とのこと。女装をすることによって普段の男の生活・性格を断ち切って他の自分になれるという。

「もちろん、男の姿のままだったらできませんよ。だけど……口紅を塗ればフェラもできるんです。女装スイッチってやつですかね……」

この業界、割り切って働くのは女性だけではないということだろうか。

進化を続けるニューハーフ＆女装子風俗。体験してみて、新しい時代の風俗のカタチを見せつけられた気がした筆者である。

（子門仁）

【美女めざし中年ライターがマジ女装に挑戦】
女装プレイで目覚めてみた！

本書のような内容の本において、外すことができないのが『女装』だろう。

今さら説明するまでもないけど、女装とは男が女性の服を着たり、化粧をするなどして女性になりきる行為だ。

「男は男らしく、女は女らしく」といった封建的な考えに毒された我々世代からすれば、女装は密かな趣味であり、こっそりとやるもの……といったイメージがある。読者諸兄の中にもそうお考えの人は少なくないのではないか。

だが、それも今は昔の話。

令和を迎えた昨今、テレビではいわゆるオネエ系タレントを見ない日はない。ＬＧＢＴに対する理解の深まりもあって女性の姿で歩く男性も増えている。女装に対する社会の偏見も減っており、いまや女装は大っぴらに楽しむ紳士の趣味へと変わりつつあるのである。

●変わりつつある女装の世界

少々鼻息が荒くなってしまったが、女装のニーズが高まっているのは紛れもない事実。かつて女装といえば自室でコッソリ……というケースが大半で、同居の家族にバレたくないといった特殊な事情を持つ人のために細々と女装専門店、いわゆる女装サロンが営業をしているくらいだった。

そのうちのひとつ、都内にある『E』は知る人ぞ知る老舗で、昭和に創業すると場所を転々としながら営業を続けてきた。『E』には専属のヘアメイクスタッフがおり、衣装も豊富。思い通りの姿になれると評判だった。館内には同好の志が集まる談話スペースもあって、まさしくサロン的な役割も果たしてきたそうだ。

平成になると女装文化は多様化していき、『E』のように不特定多数の愛好家が集う場所ではなく、スタッフとマンツーマンで女装を楽しみ、撮影などをするプライベート女装サロンが登場する。そのなかには車内で女装ができるようにワゴン車を改造した、移動式女装サロンまであったそうだ。ちなみにこのワゴン車サロン、情報が漏れにくく、なおかつ移動しやすいということから政治家や大物芸能人などに愛用されていたという。

さらに平成も半ばに入るとさらに女装の社会的な受容が高まり、女装した男性を女装子《じょそこ》、男《おとこ》の娘《こ》などと呼び、ある種の性的嗜好のひとつとしてとらえるような動きが生まれる。男の娘になるためのマニュアルがバカ売れし、ＡＶ業界でも男の娘女優の専用レーベルが作られるなど、女装はかつてないほど広く市民権を獲得するようになる。

女装業界でも、そうしたライトな層を取り入れようと新しい店舗が次々と誕生。それまでの本気度が高かった女装サロンとは違い、より手軽に女装を楽しめる『変身スタジオ』などがそれである。『変身スタジオ』は男女カップルでの来店もＯＫ。彼女と同じ服装で女装ができるといったサービスをウリにする店舗もある。

なぜ女装はここまで社会に浸透してきたのか。

女装業界関係者によると、一番の理由は技術の向上だという。

化粧品の質やメイクのテクニックは平成の間に大きく進歩した。その技術の粋を集めれば、むさ苦しいオジサンを絶世の美女に変えることも不可能ではない、のだ。

実際、変身スタジオのホームページを見ると驚かされる。

たいていのスタジオは変身例として利用者のフォトギャラリーを設けているのだが、ページを開いてみるとどの娘（↑と書くべきか）もかわいい。もしもこれが風俗店のパネルだったとしたら、どのコを指名するか迷ってしまうレベルだ。

「これはイケる」「こっちはムリ」などと感想をつぶやきながらフォトギャラリーを見ていた

ら、ふと素朴な疑問がわいてきた。

それは「俺はどうなんだろう？」ということである。

女装は普段の自分とは違う自分になる行為。言うなれば風俗と同じ、非日常な行為である。俺はこれまで女装とは無縁の世界で生きてきたが、女装をすれば風俗で得たのと同じ〝何か〟を得られるかもしれない。ここはひとつ、女装を経験してみないテはないだろう。

しかし、本書のテーマは「行けそうだけど、なかなか行けないオトナのスポット」。通常の女装スタジオはエロい要素はないので、店によっては18歳以下でも利用できてしまう。もっと他に行きにくい、オトナの女装スポットはないものか。

●女装を売りにした風俗

実は風俗と女装は、昔から切っても切れない縁があった。

その代表的なものはＳＭ系風俗の女装プレイだろう。

その内容は女装した男性客が女王様から「このメス豚！」などと罵られ、凌辱されるというもの。ＳＭ、しかも女装ということで会社役員など社会的な地位のある人の利用が多かったという。実社会には叱ってくれる人がいないので、違う誰かになって怒られたかったのではないか、というのが風俗業界の定説だ。

だが、この女装プレイは罵られることが本題であり、美しく生まれ変わることは目的ではない。さらに調べを進めていくと女装に関連した風俗がどんどん出てきた。

まず最初に目に留まったのが、女装デリヘルだ。プレイのオプションとしてではなく、最初から女装をすることが前提になっている。俺はあることは知っていたけど興味がなかったが、熱狂的なマニアがいるジャンルのようで、過去には美容室レベルのメイクルームを備え、下着から衣装まで取り揃えた完全女装プレイができる店もあったそうだ。

また最近人気の痴女に責められるM性感店でも一部の店では女装プレイを扱っており、化粧はせずブラジャーとパンティーのみを着用する〝下着女装〟のデリヘルもある。どうやら女装風俗店はかなり広まっているらしい。

さっそく店選びを始めたが、一般的なデリヘルに比べると価格設定がやや高い。90分で大2、小5枚といった感じである。まあ、普通のプレイに加えてメイクをしてくれるので仕方がないのだろう。その中でもキャストの丁寧なメイクがウリだという嬢を選んで予約を入れた。都内某所を拠点とする派遣型M性感店『M』に在籍する、痴女・ハルミさん（仮名）だ。

●素敵な美女に大変身？

約束の時間、ホテルの部屋に入ってくるやいなや、ハルミさんはベッドの上に化粧道具やウィッグ（かつら）、下着、衣装などを並べた。「キレイにしてあげるわね」とハルミさん。これからどうなってしまうのか、感じたことのないワクワク感に胸が躍る。

ひとしきり道具を並べ終わったところでシャワータイムだ。

「どういう風になりたいの？」

身体を洗ってもらいながら、カウンセリングを受ける。

「そうですね～……坂道系アイドルの○石○衣みたいな……」

俺が言うと、一瞬、複雑な表情を浮かべたハルミさん。いや、だって、変身スタジオの公式サイトのビフォーアフターでは俺くらいの年齢のオッサンがアイドル系の女装をしていたぜ？プレイにあたっては、さらに設定も決めなくてはならない。協議の結果、今回は会社の上司（ハルミさん）が実はレズビアンで、後輩ＯＬ（俺）を自分好みの女性に仕立て、欲望のおもむくままに……という方向性で決まった。

シャワーを出るとベッドの上で女装開始だ。今回は「化粧品とか道具のみならば」と写真撮影を一部許可してもらった。これらの道具を使って変身していくのだが、「経過は見ないほうがいいわよ。完成した時のインパクトが薄れるから」ということで従うことにした。しかし、化粧の途中でハルミさんが「この色、似合うわぁ」とか「うん、いい感じ！」とニヤニヤしながら言うので気になってしまう。まぁ、褒めてくれているのできっと順調に○石○衣に変身し

ベッドの上に広げられた女装道具。パンティが異様にデカイ。

ているのだろう。

「最後にリップを塗ったら化粧は完成ね」

口紅を塗られた唇がペタペタして、なんだか不思議な気分だ。その後、パンティをはき、ブラジャーを装着。……が、このブラジャーがかなり息苦しい。女の人って毎日、こんなの着けているんですか、たいへんですね。

「だから、本当はノーブラで過ごしたいのよ（笑）」

さらにパンストをはくのだが、これがキツい！　ピッチリとしており、蒸れ感がスゴいのだ。最後に身体をワンピースに押し込んで完成……あとは鏡の前へ。

ハルミさんに誘われて、部屋の片隅にあった姿見の前に立たされる。最初は鏡に背を向ける格好で立ったが、ヒールの高い靴を履いているせいで、立っているだけでも膝がガクガクする。そんな状態だから不安定に回れ右をして、鏡の中のもうひとりの私にご対面〜！

そこには○石○衣が立って……いなかった。

鏡の中で情けない顔をしてこちらを見返しているのは、50歳くらいの母親にソックリのオバちゃん……いや、俺だ。

母ちゃんに似ているのは、さすが親子じゃん！　……なんて感心している場合じゃねえ。想像とあまりにかけ離れていた自分の女装姿に一気に萎えてしまった。

その瞬間、「あら、カワイイじゃな〜い！」と言いながらハルミさんが背後から襲いかかってきた。キスをしながら「この唇、私好みだわぁ〜」とニヤリ。そして「ここからはハルミ先輩とお呼びなさい」とプレイに突入したことを告げる。

●女装でしか味わえない背徳感と倒錯感

しばしの間、鏡の前で弄ばれる。ここでハルミさんが「初女装だから記念に」と、写真を撮るのを許可してくれた。背後から胸を揉まれたが、ブラジャー越しだからいつもとは感触が違う。首筋に息を吹きかけられて気持ちイイのだけど、鏡の中の姿を見ると、その異様な面相に思わず吹き出しそうになる。

もてあそばれる俺(手前)。なかなかキツイ仕上がりである。

ベッドに連れて行かれて、ハルミ先輩に押し倒された。

「こんなにカワイイ後輩、食べちゃいたいわぁ〜」

ハルミ先輩はそう言って再び俺の唇を奪った。やはり、口紅を塗った唇同士のそれは不思議な感触である。そしてワンピースを脱がされたのだが、それがあえて乱暴気味だったので、そこでもまた羞恥心のようなものを感じた。なんだか自分でないみたいだ。

ワンピースを脱がされた後は、ブラをズラしての乳首舐めをされた。不覚にも「えっ?」と驚くほどに感じてしまう。先ほどの羞恥心もそうだが、もしかすると女装をしたことで何かのスイッチが入ってしまったのかもしれない。乳首をさらに責められると思わず「うっ!」と声が漏れてしまった。すかさず「女のコは〝あぁ～ん！〟でしょ」とハルミ先輩から指導が入る。

●パンスト破りは凄かった

その後、徹底的に女性として扱われたのだが、乳首責めに続いて衝撃的だったことがある。

それは『パンスト破り』だ。

そもそもパンストを履くのが初めてだった上に、この窮屈さである。知らず知らずの間にストレスを受けていたのだろうが、それを一気にバリバリと引き裂かれたのだ。その時、破れたパンストの間から一気に空気が入ってくるような感覚があった。それが何よりも新鮮かつ快感で、特に触られていないのに一気に股間が膨張したのがわかった。

フィニッシュはパンティをズラして出したポ○チンをハルミさんいわく、「女のコだからクリちゃんでしょ？　だからペ○スのク○トリスって意味で……」と〝ペニクリ〟と称してシゴかれた。しゃぶられた。そして発射した……。その瞬間、視界には自分が身に着けているブラとパンティがしっかり入っていた。この倒錯した非日常感に頭の中が真っ白になってしまった。

プレイを終えたら、メイクオフもかねてシャワールームへ。

顔には化粧が残っているし、背中にはブラ跡があって、やけに生々しい。

ハルミさん曰く、「究極の女装プレイって、出したアレを口移しでゴックンさせることなのよ（ニヤリ）」とのこと。い、いや、俺は究極じゃなくてイイっすから……。

最後に感想を聞かれたので、変身スタジオを引き合いに出し、プレイ自体は良かったがもっとキレイになれるものだと思っていた、と素直に答えた。すると、ハルミさんは「あれは化粧っていうよりも工事に近いものがあるし、写真もスタジオでちゃんとライティングしてるし。それに修正もバリバリ入れてるでしょ」と、暗に女装と変身は違うと指摘。そしてトドメの一言。

「大体さぁ、どんなに化粧をしたってオジサンはオバサンにしかなれないのよ！」

●変身サロンで奇跡の一枚を

取材からしばらく経ったある日、原稿を書くために記憶を整理しているとだんだん悔しくなってきた。「俺はもっとキレイになれたんじゃないか？」、そう思うとモヤモヤしてくるのである。

このモヤモヤを解消するには、変身スタジオに行くしかないだろう、自腹で（だって、編集担当氏から「この企画にこれ以上予算は出せない」って言われたんだもん）。

体験してわかったが、ハルミさんの言っていたことは本当だった。

変身スタジオでやっているのは、化粧というよりも特殊メイク。下地を作るにしても舞台用のドーランで毛穴までガッツリ隠していく。崩れたボディラインを矯正するために、身体もコ

意地で撮影した１枚。これがオッサンの全力だ！

ルセットでガッチガチに絞められた。

もはやここまでくると〝工事〟というよりも〝大改造〟。メイクを終えたら撮影スタジオに移動したが、ライトが何本も立っていて目を開いているのが大変なほどだった。

そりゃあ、サーフィン焼けの俺の肌も、故・鈴木その子女史みたいな美白肌になるわけだ。

ということで、本稿の最後に変身スタジオで撮った（個人的に思う）奇跡の１枚を掲載しておこう。これが50歳近いオッサンだって、信じられる？


（亦滑訓仁）

【南の島にもあった日本式のエロい店】

グアムでデリヘルを呼んでみた！

本書のテーマの主軸となっているのは「行きたくても、なかなか行くことができない（だけど、がんばれば行ける）アダルトなスポット巡り」である。

取材にかけられる予算の関係上、扱うスポットはどうしても日本国内が中心になってしまうが、ときには海の向こうにあるワールドワイドなエロスポットに目を向けてはどうか。そう思い、本稿では海外のエロい店を紹介してみようと思う。

さて、海外のエロスポットといえば、定番化しているエリアがいくつもある。

たとえば、タイのバンコク、あるいはパタヤなどは比較的治安が良く、日本からもアクセスがいいとあって人気だ。多少、治安の面で不安があるが、フィリピンのマニラなども楽しいらしい。

が、ここで紹介するのはそんな、いかにもといったナイトスポットではない。

さすがはアメリカ領。どことなくアメリカっぽい風景が広がるグアム

太平洋の楽園、グアムのナイトスポットである。

●グアムの定番はタモン地区のストリップ

グアム島は、日本の南東、約2600キロに浮かぶ、アメリカ領の島である。成田空港や羽田空港、関西国際空港などから定期便が出ており、約4時間前後のフライトで到着するという「日本から一番近いアメリカ」でもある。

一般的にグアムと聞いて思い浮かぶのは、ビーチリゾートとショッピング。いわゆる夜遊びのイメージを持っている人はほとんどいないはずだ。本当にそんなグアムにオトナの遊び場があるのか。

筆者は一時期、年間7、8回ほどグアムへ渡航していた時期がある。15、6年ほど前になる

タモン地区では観光客向けのストリップバーがかんたんに見つかる

が、当時、放送関係の仕事に就いており、業界の景気が良かったこともあって、何かといえばグアムでロケと相成っていたのだ。

　昼に撮影を終えると、夜はドンチャン騒ぎで、タレントさんを交えてのバーベキューなどが定番。お楽しみは食後に待っていた。

　タレントさんやマネージャーをホテルに送り届けたら、島の中心部のタモン地区にあるストリップへと向かう。さすがはアメリカ、日本とは条例が違うのか、グアムのストリップはストリップ嬢にチップを渡すと、剥き出しのアソコを顔面に押し付けてくれることもある。いわば〝強制ク○ニ〟状態だ。また、ステージの袖にカーテンで仕切られたスペースがあり、そこで〝まな板ショー〟を体験できる小屋もあった。

　だが、それらはあくまでイレギュラーな遊

び。ストリップは気持ちを高ぶらせるための前座のようなものであり、確実にエッチなコトをしたくなったら風俗へ……という流れは日本もグアムも一緒である。

●確実に遊びたいならマッサージパーラー

ここでグアムの風俗事情を簡単に説明しておこう。

グアムの風俗で主流になっているのは、『マッサージパーラー』と呼ばれるものである。その名称から誤解されることがあるが、マッサージとは名ばかりで、実際は日本で言うところのソープランドに近い。同種の店は、タムニン地区のマリンドライブというエリアに軒を連ねている。

行き方であるが、筆者が個人的にベストと思うのは、まず、ポルノショップなどに置いてあるチラシやネットなどで値段を調べ、それを持ったうえで自力で車を運転していく方法だ。これだと店に着いて直接交渉できるし（多くの店のスタッフが日本語を理解できる）、事前に値段をチェックしておけばボッタクリ対策もできるからである。

もう一つはタモン地区の繁華街で声をかけてくる自称ガイドに紹介してもらう方法だ。ガイドを探すのは至って簡単。男同士で土産店などの前で立ち話をしていれば自然に声をかけてくるのだ。ただし、ガイドの言い値は当然のことながら中間マージンを上乗せした金額になるた

焼肉屋に射撃場、エロDVD屋、そしてマッサージパーラー。男の欲望がすべて叶う。

め、本来の値段よりも高くつく点はご了承いただきたい。

グアムのガイドの中には、名物ガイドと呼ばれる人物もいる。

ここ最近だと韓国系のK氏であったり、日系のH氏が有名である。筆者がグアムに通い始めた15、6年前はミャンマー出身のM氏が幅を利かせていた。彼は「千葉県に10年住んでいました」と日本語で切り出すのが常套手段。こちらが少しでも話を聞く素振りを見せると、「ワタシ、テスウリョウ、イラナイデス」などと言って興味を引こうとするのだ。「利益がないのに紹介するなんておかしいだろ？」とツッコミを入れると、彼は決まってこう言うのだ。

「ソンシテ、トクトレ……」

このフレーズ、M氏はよほど気に入っているらしく、タモン地区から車で店に送る際も、ことあるごとに「ナゼ、ワタシガ、テスウリョウヲトラナイノカ？　ソレハ……」と前置きをして「ソンシテ、トクトレ」と繰り返す。とにかくしつこいくらいに言い続けるので、最後には車内で「ソンシテ、トクトレ」の大合唱が起きるというおかしな状態になった。ガイドの取り分も車の送迎付きと考えれば決して高くはない。車の運転や店との交渉に不安があるならば、素直にガイドを使うというのもオススメである。

気になるグアムのマッサージパーラー、つまり、ソープランドの料金は店にもよるが30分で100ドルといったところだろう。時間を60分にすれば料金も倍の200ドルになるところが多いが、最近はグアムも日本同様に風俗利用者が減っているらしく、50ドルほど割引してくれる店も多いのだとか。

●マッサージパーラーに行ってみた

肝心のサービス内容だが、過度の期待は禁物である。そもそも日本のソープランドで考えると、30分という時間はきわめて短い。プレイ内容もそれなりのものになることは覚悟しておいてほしい。

グアムのマッサージパーラーは、日本のようにパネル写真で女性を選ぶことはできない。受付のオバちゃんが店の奥から複数の女性を連れてきて「この中から選んで」というケースがほとんどだ。ちなみに働いている女性であるが、筆者がグアムに通い始めた15、6年前はフィリピン系の女性が多かったが、ここ2、3年は韓国からやってきた女のコが多くなっている。グアムは近年、韓国人旅行者が急増しているが、そうした点も影響しているのかもしれない。そういえば、現地の日本語新聞である『グアム新聞』も韓国語併記の広告が増えていた。

筆者が最後に利用した2年前も「ワン・ウィーク・アゴー」にグアムにきた、というソウル出身の女のコだった。筆者は韓国語が話せず、彼女も日本語が話せなかったため、お互い片言の英語でコミュニケーションをとる。が、それで必要十分であった。

部屋は2畳程度で非常に狭く、ベッドとシャワーがあるのみ。まずシャワーを浴びるのだが、一緒に入るのかと思えば「セルフ!」と自分で洗わされる。キスをしようと思うと「ノー!」と拒絶され、おざなり程度の全身リップと手コキで無理やりイチモツを大きくさせられた。「フェラ……」と要求しても通じず、「オーラル?」と言い換えると手のひらを上に向けられる。どうやら別料金のオプションということらしい。クライマックスは彼女がベッドに仰向けに寝て股を開いて……という流れだ。わざとらしい彼女の喘ぎ声が部屋に響く。狭いだけに反響して、より虚しく聞こえた……。

以上のようにグアムの『マッサージパーラー』は、日本のソープのようなもてなしの精神やマットプレイは一切期待できない。ただヤルだけであり、実態はちょんの間に近い。

ただ、一緒に遊びに行った友人に聞いたところ、「フェラは普通にしてくれたし、シャワーも一緒に浴びてくれた」とのこと。……店によって、いや、彼とは同じ店で遊んだから、お相手の女のコによって違うということだろうか。

●グアム版デリバリーヘルスを呼んでみた

もう一つ、筆者が潜入したグアム風俗がある。それは10年ほど前になるがポルノショップでのこと。レジ横にあった小箱の中の名刺大のカードに〝デリヘル〟と書いてあったのだ。その時に同行していた仕事仲間と「遊んでみるか？」となり、店の外で電話をしてみると、通話の声がやたらと近い。それもそのはず。我々の目と鼻の先、そのポルノショップの駐車場で客引きのために立っていた男が電話の相手だったのだ。話を聞けば価格は60分で150ドルとのこと。都内の中級デリヘル並みの値段である。

しかし、気になったのがプレイする部屋である。グアムは観光地ゆえ、カップルや家族、もしくは社員旅行などの団体で来島するケースがほとんど。島のホテルに男がひとりで宿泊するケースはマレだろう。実際、ホテルの部屋はどこもツイン、もしくはダブルベッドが基本である。そもそも、シングルルームという概念がないのではないか。となると、部屋はどこを使うのか。案内の男に尋ねると、きわめて明快な答えが返ってきた。

デリヘルのチラシはこんな感じのアダルトショップなどに置いてあった

「泊まっているホテルの部屋が使えない場合は、専用の部屋を用意していますので、そちらを使ってください」

どうやら提携しているホテルのようなものがあるらしい。そのホテルを使う場合は、いま宿泊しているホテルまで送迎もしてくれるとのこと。

幸い、その時に筆者はツインの部屋にひとりで宿泊していた。移動するのも面倒なので、自分の部屋を使うことにする。待つこと20分。やって来たのは30歳前後のスレンダーな東洋系の女性であった。話を聞けば、やはり韓国からやって来たというオリエンタル美人だ。少し派手な服装がデリヘルキャストというよりも、アメリカならではのコールガールを彷彿させるものがあった。シャワーは2人で浴びたも

の の、局部だけをサッと洗い流すような、おざなりなものである。

ベッドではマッサージパーラーと違い、キスはあったものの唇が軽く触れるだけで全身リップも流れ作業的なものだ。ただ、フェラがデフォルトだったようで、追加料金を取られることもなく、自発的にしてくれた。日本のデリヘルと同じようなサービス内容である。ただ、グアムだけではなく、外国では〝素股〟という概念はないのだろう。その点は残念であったが、向き合って座った姿勢で「え！　マジで？」という感じのフィニッシュを迎えた。結果的には決して高くはない内容であったが……。

このデリヘルであるが、4年ほど前に訪れた時にはポルノショップからカードも消えていたし、案内してくれた彼もいなくなっていた。他の夜のガイドに聞いたところ「さぁ？」という感じで取り合ってもくれなかった。やはり、システム上、あまり流行らずに消えてしまったのだろうか？　今でも少し気になることである。


（子門仁）

【立入禁止、男たちの社交場】

巨大ハッテンバに潜入してみた！

ハッテンバ。漢字にすると、発展場と書きます。

いわゆるゲイの男性たちが出会いを求めて集まる施設のことです。

本書は風俗スポットなど、世の一般的な性的嗜好を持つ男性が気になる場所を巡るという内容ですので、本来、ハッテンバは無関係なはず。それをどうして自分がレポートしなければならないのか。正直、理解に苦しみますが編集サイドからの強い要望と聞くと、風俗マニアライターズで一番の下っ端である自分に拒否権はありません。腹をくくって、都内のハッテンバをリサーチし始めました。

しかし、いざ取材をすることが決まっても、とにかく気が進みません。

なぜここまでヤル気が起きないのか。それは以前、図らずともハッテンバに潜入してしまったときのトラウマがあるからでしょう。

●名古屋のカプセルホテルでの「戦慄の一夜」

それは2015年の春のことです。

急な取材の依頼があって、名古屋に向かいました。しかし、急だったためビジネスホテルはどこも満室状態。それでも必死に探していると、市内の中心部にあるカプセルホテルに空きを見つけることができました。ネット予約をした際は空室2部屋とあったので、まさにギリギリでした。

そして当日。カプセルがある部屋に入り、「あれ？」となったのです。時刻は深夜1時過ぎ。カプセルホテルに泊まった経験がある方はおわかりだと思いますが、使用中のカプセルは入り口付近にあるランプが光る仕組みになっています。しかし、なぜかその部屋のカプセルは使用中のものが半分程度。満室のはずなのにどうしたのだろうか。きっと大量のキャンセルでも出たのだろう……、そう思っていたのです。

割り当てられたのは、部屋の中ほどにある上段のカプセルでした。取材の疲れもあって、カプセルに入るなり眠りに落ちました。しかし、30分くらい経った頃でしょうか。「ドスン！」という音と共に下から何かが強く突き上げてきました。地震でも起きたと思い、自分は慌ててカプセルから飛び出ました。

問題のカプセルホテルは名古屋駅付近に。後で調べたら有名な発展場でした。

すると、下段のカプセルのお客さんが顔を出して謝ってきました。

「ごめんなさいね、つい激しくしちゃって……」

2人の中年男性が申し訳なさそうに詫びています……え？　2人？

なんと、ひとつのカプセルに男2人が入っていたのです、裸のままで……。唖然としつつも、よ〜く耳を澄ませてみれば、他の使用中のカプセルから悶え声や喘ぎ声が聞こえてくるではありませんか。

そう、ここは発展場だったのです。

必死に目を閉じ、時間をやりすごそうとしていたら、私のカプセルの入り口をノックする音が……。狸寝入りを決め込んでやり過ごしましたが、こうなるともう眠るわけにはいきません。

結局、その日は一睡もせず、夜明けと共にそのカプセルホテルを飛び出しました。

そんな体験があるのでどうしても及び腰になってしまったわけです。それに取材ということは、自分から積極的にそうした場所に行かねばならないということです。そんな原稿をいったい誰が読みたいのか。編集サイドの考えがとにかく理解できません。

しかし、ゴネてばかりいても進みません。

ということで、意を決して『N』というハッテンバを訪れてみることにしました。

『N』は都内に数店舗を構える、その筋では有名な施設。今回は、どうせいくならばと、ゲイの聖地といわれる新宿二丁目にある店を選んでみました。

●都内随一、7階建ての発展ビルディング

目指す『N』は都営新宿線の新宿三丁目駅から徒歩で約5分ほどの場所にあるとのこと。その向かう途中で手をつないで歩くゲイカップルを何組も見かけました。この時点でかなり怖気づいてしまったのは言うまでもありません。

5分ほど歩くと『N』に到着しました。ビルの1フロア程度の店かと思っていましたが、なんと7階建てのビルが丸ごと『N』だというではありませんか。想像を上回る巨大発展場の登場に心拍数が跳ね上がります。

日本最大のゲイタウン、新宿二丁目。巨大発展場はこの街にあります。

1階は駐車場になっており、受付は2階にありました。まずはロッカーに靴を預けて入店します。靴を預ける瞬間「何かあったら、裸足で逃げることになるのか……」などとネガティブな考えが浮かんできましたが、必死に打ち消しました。

入場券は券売機で購入するスタイルです。料金は12時間以内の滞在でひとり2500円となかなかリーズナブル。しかし、正直なところ半日もいる自信は皆無です。もっと短時間のチケットはないか、券売機の前で探しているとスタッフの方が声をかけてくれました。

「初めてのご利用ですか？　そちらは相部屋の料金ですけどよろしいですか？　個室もありますよ」と教えてくれました。

個室なんていったら逃げ場がないではない

か！　結局、相部屋利用券にしましたが、緊張のあまり領収書をもらうのを忘れてしまった。これでは経費で落ちません……。

『N』の内部ですが、いわゆるサウナ、銭湯といった趣の内装です。もしくは男しかいない健康センターといえばイメージが湧くでしょうか。ちなみにフロントのある2階部分は発展禁止。受付を済ませると、館内着とタオルが入ったバッグをもらい、発展OKの上階へと上がっていきます。

●中年細マッチョの誘惑

さて、どこから取材をしたものか。館内案内図を眺め、まずは3階にある風呂から攻めてみることにしました。風呂はやはり、街中の普通の銭湯となんら変わらないで、明るくて清掃が行き届いていて快適にすら思えました。ただ、湯船に寄り添う男2人が入っているなど、お客さんの雰囲気が普通ではありません。

隅の方の洗い場で身体を洗っていると、通り過ぎる人に股間をジロジロ見られているような気がします。とにかく温まって移動しよう。そう思い、湯船につかると「ひとり？　初めて？」とスレンダーマッチョな四十路と思われる男性が声をかけてきました。

突然の声がけに思わず固まる自分。

「まあ、そうですけど……」

とかすれた声で答えるのが精いっぱいでした。

すると、スレンダーマッチョはすべてを見透かしたように「あっちにサウナがあるんだ。よかったら待ってるよ」とウインクをしてサウナへと消えていきました。湯船に浸かっているのに背筋に悪寒が走りました。

正直、一刻も早く退散したいところでしたが、「自分さえシッカリしていれば間違いは起きない！」と言い聞かせ、館内散策を続けました。

次に向かったのは4階です。案内図によると、そこには大部屋（相部屋）とビデオルームがあるそうです。風呂場で鍛えられたのか、先ほどよりは幾分リラックスしています。『死亡遊戯』ではないですが、敵を倒すごとに階上へと昇っていくような気分になってきました。まあ、わくわく感は皆無ですが……。

ビデオルームに入ると、ひとり掛けのソファベッドがいくつも並んでいました。先客は2名と意外と少なく、各々がソファベッドに座り、股間をイジっています。どうやらここではビデオを観てひとりでシコシコと……ということのようです。ちなみに、当然のことながら流れているのはゲイビデオ。画面の向こうでは男性同士が絡んでいました。

続いては大部屋へ……。15、6畳はあると思われる部屋の内部には所狭しと2段ベッドとセミダブルと思われるベッドが置かれており、ところどころで重なり合った影が蠢いていました。荒い吐息、遠くに届けようとするかのような低い喘ぎ声が室内で反響しています。あまりにあからさまな空間に言葉を失っていると、すぐ近くのベッドの上から腕がにゅっと伸びてきて「おいで、おいで」と手招きが……。何事もなかったように素通りして5階に向かいます。

このフロアは大部屋と個室に分かれており、6階と7階は個室エリア。大部屋用のチケットしかもたない自分が潜入できるのは、ここ5階までです。

大部屋はほぼ4階と同じような造りです。覗いてみると2段ベッドの上で裸体が重なり合い、くんずほぐれつの真っ最中です。5階には大部屋のほかに個室もあります。利用券がないために中を伺い知ることはできませんでしたが、個室の前を通りかかると、絶頂を迎えたのか、犬の遠吠えのような声が廊下にまで響き渡っていました。

ちなみに、潜入取材時は寒かったので利用しませんでしたが、屋上には日焼け用のスペースと水風呂があるそうです。

●安全地帯は存在しない

館内を一通りチェックしたので、安全地帯といわれている2階に下りました。休憩室のソファに座り、先ほどまでに見てきた強烈な光景を原稿執筆のために整理します。すると、いきなりという感じで、すぐ隣に中年男性が座ってきました。席は全然空いているというのに、不自然な距離感。かなりの密着度です。

このエリアは安全じゃなかったの？　慌てて離れると、中年男性は恨めしそうな表情でコチラをジッと見つめています。そんな目で見ないでくれ！

と、ここでタイムアップ。もう取材は十分です。中年男性の粘つく視線を背中に感じながら、ロッカーに移動し、着替えて潜入終了です。

トラウマだの、悪寒が走るなどアレコレ書いてしまいましたが、発展場はそもそもゲイの皆さんのための施設。筆者のようなノンケのストレートが、怖い物見たさで潜入すること自体が失礼なのかもしれません。

『N』のような施設は、都内だけでもいくつもあります。一般的なガチムチ系（ガッチリ、ムッチリした人が好み）だけでなく、カレ専（年配者）、桶専（高齢者）などに特化した発展場もあるそうなので、気になった方はウェブで検索してみましょう。ただし、潜入する際はくれぐれも自己責任でお願いします。

（三戸玲）

【伝説の本○風俗街】「ＮＫ流復活!?」の噂を調査した！

その昔、ニーチェは「神は死んだ」と言った。

そして、我々、風俗ユーザーは「ＮＫ流は死んだ」と言った。

いや、まぁ、ライターとして、多少はモノを知ってるぞってことでこういう書き出しにしてみたんだけどさ。

ＮＫ流はとっくになくなっている。そう思ってた。

しかし、どうやら、そうではないようだ。つまり「ＮＫ流は死んだ……はずでしょ？」ということらしい。本項ではそのことを追求していこうと思う。

●伝説の〝ウラ〟風俗「ＮＫ流」

まず、ＮＫ流とは何か？　ＮＫとは埼玉県川口市にある西川口のことを指す。このエリアに

西川口駅。この地で伝説が誕生したのだ。

何があるかというと風俗店である。西川口駅西口周辺には現在、ソープランドやファッションヘルスといった店舗型風俗店が建ち並ぶけど、この10年で町並みがだいぶ変わっちまった。いつから、こんなに中華料理屋が増えたんだというくらい、ミニ中華街化しているのだ。なんでも、『ニューチャイナタウン』とか呼ばれているらしい。

俺自身、この中華料理屋の〝前身〟は利用したことがある。なぜなら、これらの物件に中華料理屋の前に入っていた店が『NK流』と呼ばれるサロン、つまり風俗店だったからだ。しかも、かなりの人気を誇った。2000年前後のことだ。

人気の秘密はいたって明快だ。

NK流のサロンは、とどのつまり〝最後ま

でできた〟のである。そう、店が容認していて暗黙の了解として気兼ねなく本〇ができた。しかもサロンというテイなので、値段もそんなに高くなかったんじゃないかな？　たしか40分で1万円ちょっとだったと思う。それでいて、ちゃんとシャワーも付いていたので、俺的には〝設備が整ったちょんの間〟という感じだった。

それもあって西川口は一時期、超にぎわっていたんだな。最盛期で200軒もの本〇容認サロンがあったというし、今となっては考えられないことだけど、そういう店でも風俗情報誌に広告を出していたから、よけいに盛り上がってしまったようだ。

少し蛇足になるけど、当時、盛り上がっていたのはNK流だけではない。

同じ埼玉県の越谷市のKG流や草加市のSK流、そして、そのまんま地名が使われている熊谷流など、他にも本〇容認サロンがあった。また、埼玉に一番近い東京こと足立区も竹ノ塚流があったり、西川口から京浜東北線でつながっている東京都北区にも赤羽流と呼ばれるサービスがあった。ちなみにNK流は赤羽流がルーツになっているというけど定かじゃない。とにかく、このような暗黙の了解が成り立っているエリアが数多くあったのだ。

この西川口エリアは2004年11月に埼玉県警によって『風俗環境浄化重点推進地区』に指定され、06年7月に川口市の『川口市防犯のまちづくり推進条例』によって未許可営業などの違法性風俗店の一斉摘発が行われた。これによって同時期の都内同様に浄化された形になる。

当時の西川口にはＮＫ流サロン以外にも個性的なイメージクラブ（イメクラ）がたくさんあり、個人的によく利用していた。たとえば自動車を1台部屋に入れてカーセックスイメージプレイを楽しめるイメクラ。同じく部屋に観覧車のゴンドラを入れて、その中でプレイができるお店もあった。また、バスタブが桧風呂になっている『旅情イメクラ』なんてやつもあった。

そういう個性的な風俗店がなくなってしまったのはとても残念なことである。しかし、これまた都内同様、浄化後に残った風俗店は健全に遊ぶことができる証であり、今の西川口エリアは優良な風俗店のみが軒を連ねている。

●風俗マニアの間で囁かれる噂

そう思っていたんだよ。事実、あの摘発以降、ＮＫ流サロンはなくなったし、そこに中華料理店をはじめ、アジア系の店舗が入って現在のリトルチャイナタウン化が進んでいったし。だけど、3、4年前からだろうか。

「どうやらＮＫ流が復活したらしい」

「昔、サロンをやっていたオーナーが陰で運営しているらしい」

そんな噂が耳に入るようになった。ただ、街の様子を見た限りでは、そのテの店があるとは思えない。それもそのはずで、マンションで隠れて営業しているらしいとのことだった。

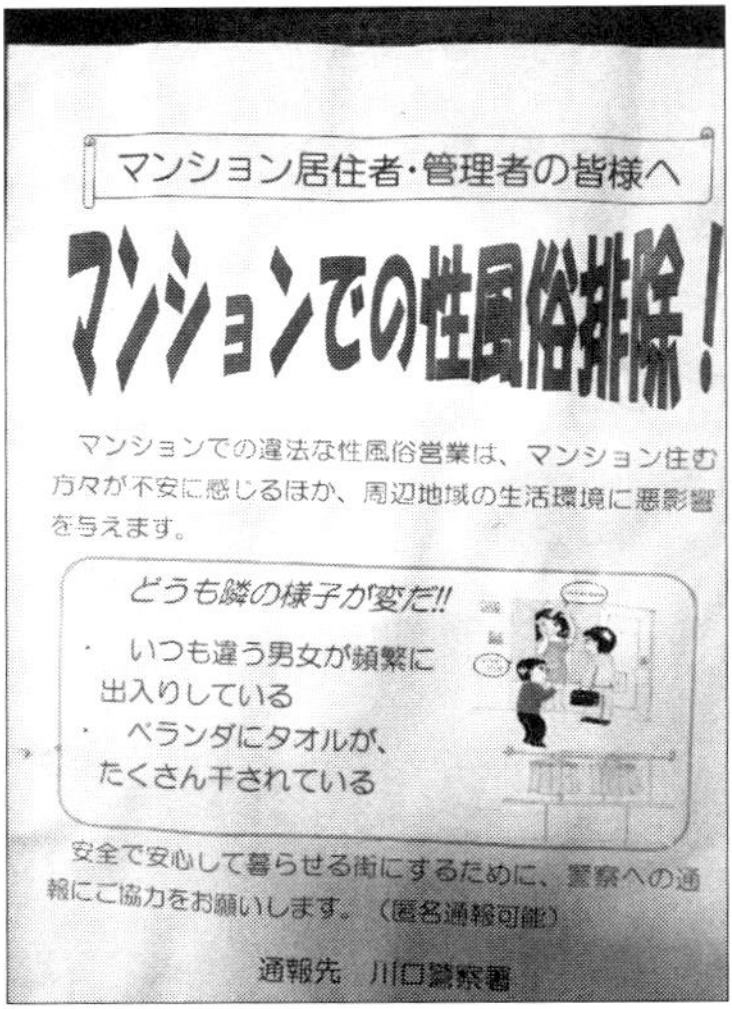

ネット経由で入手した告知のチラシ

その根拠となったのが、界隈のマンションの掲示板に「マンションでの性風俗排除」を促す内容の告知が貼られるようになったからだ。その内容としては、いつも違う男女が出入りしている部屋や、ベランダにタオルがたくさん干している部屋は要注意というものだ。つまり、このような張り紙があるということは、暗にこういう事例がありますよと言っているようなものではないか？

それでも個人的にはガセネタじゃないかと思っていた。だって、このご時世、そんな危ない営業をするなんて、かなりのリスクがある。それに女のコだって集められるとは思えない。そもそも、そんな危険な場所で遊ぶ客なんているのかよ。いまはそういう時代じゃないだろってことだ。

それでも噂は絶えないし、某大手掲示板サイトにも情報が書かれている。となると、調査をしないわけにはいかないだろう。

●「あるよ、ＮＫ……」

と、いうことで平成の終わりに差し掛かったある日の夜、俺は西川口駅の西口に降り立った。風俗ライターとして仕事で西川口にくるときは、いつも駅を背にして右側、つまり正規の風俗店やラブホテルがある方面に向かう。しかし、今日はあくまでプライベートな調査なので反対方向、かつてＮＫ流サロンがあった方面に足を運ぶ。事前の調査によって、こちら方面に復活したＮＫ流サロンがあることを割り出したからだ。

思えば、夜の西川口を歩くのは久々だ。西川口は取材で月に数回訪れているけれど、普段は基本的に昼間しか歩かない。風俗店の取材はお店やキャストさんが比較的ヒマな時間に行うことが多い。ピークタイム前の昼間にやることが大半なので、夜にくることはまずないのだ。

久々の夜の西川口は、やけに明るく感じた。通りの両脇にある中華料理店から放たれる光が派手だからだろう。昔のＮＫ流サロンのネオンとは違った色彩だ。そんな煌びやかな一角を通り抜け、マンションが立ち並ぶエリアに差し掛かった時のこと。

「探してるんでしょ？」

突然、背後から声をかけられた。振り向くと50代半ばと思われる初老男性が立っていた。

「あるよ、ＮＫ……」

　男性は握った拳の人差し指と中指の間から親指を出す、あまりにもわかりやすいサインを送ってきた。そして、「コレでＯＫだよ」と人差し指を一本突き出した。大１枚か……昔と変わってないじゃん。俺がうなずくと客引き男性は「じゃあ、そこの○階に行って」と背後のマンションを指さした。やはり、噂通りだった。

　言われた通りの階に行くと、今度は30代前後と思われる少しヤンキーっぽい兄ちゃんが待っていて、「じゃあ、○号室をノックして」と促された。指示された部屋のドアをノックすると、出てきたのはアラサー世代のなかなかの美人だった。中は２ＤＫの至って普通のマンションの間取りで、まずはシャワーを浴びさせられる。この点は昔と同じなようだ。

「まさか、まだこんなところがあるとは思わなかったよ」

　思わず口にすると、アラサー嬢は屈託のない口調で答えた。

「あ～、私は知り合いに誘われて働いているだけで、お客さんたちが言う、昔のＮＫ流って知らないんですよね～」

　見た目通りの年齢なら、昔の西川口を知らなくて当然だろう。

「だから、懐かしいって言われてもわからないんですよね～（苦笑）」

　そう言ってはにかんだ笑顔を浮かべる。なかなか可愛いではないか！

●生きていたNK流

シャワーを出て案内された部屋は当然、普通のマンションならではの四畳半の一室だった。やけに広く感じるのは、昔のNK流サロンの多くが2畳ほどのスペースにせんべい布団1枚を敷いただけだったからだろう。広くなったのはいいのだが、なんだか妙に落ち着かない。以前のNK流サロンはたとえ部屋に窓があったとしても、ベニヤ板を打ち付けてあったりして、うっすらと暗かった。

しかし、この部屋はあくまでマンションの一室。窓には厚手のカーテンがかかっているものの、その隙間からは界隈のネオンの光が差し込んでくる。圧倒的な他人の家にきちゃった感、プレイというよりも、他人の奥さんを寝取っているような気分になってくる。

だが、そんなシチュエーションでもどこか冷めている俺がいた。正規の風

こんな感じの道を歩いていたら声をかけられた

俗を取材して記事にするのが風俗ライターという仕事だ。こうやって違法なものをレポートするのは、正直、俺の信条に反することだからだ。

部屋を立ち去る際、気になったので女性に聞いてみた。

「リスクとか恐くない？」

「私、ここに来る前は都内の〝大人の関係〟系のデリヘルで働いていました。だから、リスクは変わらないと思います」

なるほど……、ならば合点もいく。彼女が言う〝大人の関係〟系デリヘルというのは、ＮＫ流同様のゴールがあるデリヘル。現在では熟女系デリヘルが群雄割拠するＩやＯ、Ｕといった地域に多い。そう、都内にも暗黙の了解で、令和になった現在でもご当地流が残っているのである。しかも、そのような店でも情報サイトに普通に広告を出していたりする（ただ、Ｕエリアも摘発があったのか、最近ではめっきり減っているという）。

結局のところ、いつの時代になっても変わらないものは変わらないし、いつまでもイタチごっこは続くんだろうな～。帰り際に中華料理を食べながらそう思った。それにしても、ビールがいつも以上にホロ苦いのはなぜだろうか……。

（亦滑訓仁）

【いまも営業する伝説の裏風俗】

「最果てのちょんの間」に行ってきた！

「あそこには近付いたらいかんよ」

子供の頃に母親から何度、そう言われただろうか？　だけど、子供だから〝あそこ〟に何があるかはわからなかった。近くには小学校だってあったし、大きな病院もあった。だから自然に足が向いてしまうし、見た感じ、大人がお酒を呑むところにしか見えなかった。〝あそこ〟とは愛媛県松山市の伊予鉄道郡中線・土橋《どばし》駅裏に存在するある一角についてだ。

〝あそこ〟には、小料理屋や居酒屋風の建物が約30軒ほど建っている。しかし、飲み屋街にしては活気がない。実際、ほぼすべての店が営業をやめており、中には長年手入れをしていないせいで廃墟のようになってしまった建物もある。どの店も人が生活しているように思えないし、夜はもとより昼間でも一帯に足を踏み入れるのは不気味だ。

実はこの光景は現在、アラフィフの自分が中学生の頃から変わっていない……つまり、昭和

伊予鉄道郡中線の土橋駅

のままの空気が留まっているのだ。

だが、一昔前は多くの人で賑わっていたという。青線として……。

●土橋の青線地帯

土橋は松山市の中心地である松山市駅から、たった一駅という距離にある。

現在はずいぶん寂しい町になっているが、松山青果土橋市場（通称・土橋市場。現在は松山市問屋町に移転）があった頃にはそれなりに賑わっていたそうだ。

ちなみに土橋市場の歴史は戦後に始まり、問屋町に移転したのは１９７５年のこと。土橋が隆盛を誇ったのは約30年ということになるだろうか。人が行き来する場所には表裏関わらず風俗が栄えるというのが我々風俗マニアライ

土橋の街並み。〝あそこ〟はこの近くにある。

ターズの定説だから、おそらく青線もその頃にできたものと思われる。自分の中の最も古い土橋駅周辺の記憶は１９８０年頃のものになるが、その頃は駅周辺に生鮮食品店がわずか残っていたものの、すでに町から活気は失われていたように覚えている。もちろん、そこに青線があったことなど覚えていない。

　土橋の〝あそこ〟が〝ちょんの間エリア〟であることを知ったのは、中学生の頃のこと。当時、一帯で営業していたのは全体の４分の１程度。すでに寂れた青線地帯になっていた。それでも客引きはいたし、夜に付近を通りかかると赤黒い光が灯っていたりして、不気味な場所だと感じていた。

　ここからは自分の推測になるが、土橋が寂れていった理由は、まず青線が（建前上）廃止に

夏目漱石の『坊ちゃん』にも登場するネオン坂（写真は2002年頃のもの）

なったことと、市場が移転して行きかう人が少なくなったことが大きいだろう。だけど、それ以上に松山市の風俗事情も大いに関係していると思う。

実は平成中期までは松山市内には土橋の他にも2つのちょんの間エリアがあった。

ひとつは小説『坊っちゃん』にも登場する道後温泉本館の裏手にあったネオン坂。もうひとつは現在の松山市の中心地・大街道・銀天街のほど近くにある千舟町エリアだ。つまり、狭いエリアに3つのちょんの間エリアが存在したわけである。その中で人気を集めたのが、若い女のコが多いと評判だったネオン坂で、結果的には一人勝ちのような状態になっていた。

また、道後温泉本館から徒歩3分圏内にある多幸町は許可を得て営業をしているヘルスビ

同じくちょんの間エリアだった「千舟町」

ルが建ち並び、ソープランドも多数あって、地元民だけではなく、観光客でもにぎわってい る。安心して遊べる方を選ぶのは当然のことであって、その結果、ちょんの間は淘汰されていったのではないか。あんなに賑わいを見せていたネオン坂も2010年代から摘発を受けて、今や全滅状態になっている。多幸町の風俗店に加えてデリヘルが増えたってこともあるだろう。

●最果てのちょんの間

さて、話を土橋に戻そう。

土橋のちょんの間が、自分が高校生だった30年ほど前には廃れていたことは書いた。すでに気軽に遊びにくるような雰囲気の場所ではなくなっていたのだが、地元では土橋のちょんの

現在の〝あそこ〟の様子。狭い路地を挟むようにして小料理屋風の店が並ぶ。

間について次のような不気味な噂が囁かれていた。

「店には老婆しかいない」

「本当は閉めたいが、働いているのは身寄りのない人ばかりなので仕方なく続けている」

「いろいろな意味で可哀想な人たちが働かされている」

当時は小5枚程度でヌケると言われていて、その安さが噂に真実味を与えるのに一役買っていた。ネオン坂の3分の1から4分の1の値段だからだ。また都市伝説的に、大3枚で〝若過ぎる〟女のコが出てくるというものもあった。そして、「総入れ歯の婆さんが入れ歯を外して〝歯茎フェラ〟をしてくれて超絶気持ちイイ！」という有名な噂もあった。いずれにしても遊ぶには勇気がいることであるし、筆者の世

大部分はすでに廃業しており、中には写真のように朽ち果てた建物もあった

代では罰ゲームとして行かされる肝だめし的スポットとして扱われていた（しかし、行くことはなかったけど）。

いつしか、そんな噂を聞きつけた中央（関東）のマスコミは、土橋のちょんの間に〝最果てのちょんの間〟という不名誉な肩書をつけた。もちろん、地理的な意味ではなく、入るのが躊躇われるという意味である。

さて、そんな土橋であるが、実は現在も存続している。

時折ではあるが、いまでも1軒のみ灯りがつくことがあるのだ。

このことを風俗マニアライターズのリーダー・子門仁氏に伝えると、「え！　まだやってるの？」と驚いていた。彼ももちろん、〝最果てのちょんの間〟土橋の存在を知っていた。

そして、数年前に松山を訪れた時に潜入を試みたが、残念ながら（？）店が開いておらず、とっくに壊滅したと思っていたようだ。

「だったら、くんぺい君、原稿、書いて」

えぇ〜！　ちょっと待ってくれ！　正直なところ松山在住者として、これは避けたい案件だ。ちょんの間やったら、千舟町にも少し残っとるで？　そっちでええやん！　そう伊予弁でまくしたてても聞く耳持たず。……まぁ、同時に自分の心のどこかで「まぁ、これしかチャンスはないかもしれん」と思ったのも事実。これを良い機会に潜入を試みることにした。

●最果てのちょんの間についに潜入

ある日の晩、土橋のちょんの間を訪れてみた。しかし、辺りはシーンと静まり返っており、人の気配がしない。くまなく通りを歩いてみたが、どうやら今晩は営業をしていないようだ。日を置いて何度も土橋を訪れたが、いずれも空振りに終わった。

もう壊滅してしまったのだろうか。しかし、諦め半分で訪れた別の晩。

「あ、やっている！」

向かって左側にある一軒から妖しげなピンク色の光が漏れているではないか。ここを逃したらチャンスはないかもしれないと思い、意を決して店の前に立つ。すぐに曇りガラスの向こう

モノクロではわかりにくいが、中央の建物にピンクの光が灯っている

に人影が見えた。かなりのお婆ちゃんだ。まさか、この人が相手なのか？　少し身構えていると、「お遊び？　だったら、そこで待っていて」と隣の建物に案内された。

建物の中にはカウンターがあって小料理屋の名残がある。ただし、その上にはエロ本が無造作に置かれているけど……。提示された額は噂通りの小5枚。と、いうことは出てくる女性は若くないってことだろう。不安な気持ちが募る中、「どうぞ」と婆さんに呼ばれた。やっぱり、この人が相手なのか……。

肩を落として部屋がある建物に入ると、そこには少しポッチャリな熟女が立っていた。自分よりも少しだけ年上という感じだ。55歳位だろうか。彼女が相手だと知り、少しだけホッとする。話し言葉のイントネーションからして松山

待合の様子

ではないが、たぶん愛媛県の人だろう。

階段を上がって2階へ。部屋は3畳程度だろうか。照明は豆電球だけが灯っており、その下に薄い布団が敷かれていた。これぞ昭和の佇まいだ。あとは小さなちゃぶ台のような台の上にティッシュなどが置かれていて、実にシンプル。昔のネオン坂のちょんの間には、ヤリ部屋に住み込みで働いているような女性もおり、部屋に生活臭が漂っていることもあったので、今回は殺風景にすら感じる。

そして、おしぼりでイチモツを拭かれて……。軽くしゃぶられ、準備が整ってコトに及ぶ……。噂の歯茎フェラはないし、いたってオーソドックスな内容だ。2人の影が一つになった時、彼女から漂う微香性の香水の香りに女を感じてしまった。

プレイ後、少し彼女と話をしたが噂のような〝陰がある〟という感じはなかった。ほどよくサービス精神もあって、「なんで、こんなところに来たん？」と逆質問される始末だ。そこは

「なんとなく興味があったけん」と答えるに留めたが……。

　土橋の現状を知るために、色々と質問をしてみた。

　まず、現在営業しているのはこの店のみだそうで、「お母さん（受付の婆さん）が都合悪い時は開けない」というのが不定期営業の理由らしい。客は常連が中心で、中には20年以上も通う人がおり、営業するのが1軒だけということもあってそこそこ忙しいということだった。気になる大3枚で若いコが……との噂だが、思い切ってぶつけてみるも「他の人のことはあまり知らんのよ」とはぐらかされてしまった。

「ただねぇ……いつまでここがあるかわからんけんね……」

　彼女は最後にそう言った。この言葉が土橋の女性としてのリアルな心のつぶやきだろう。

　様々な伝説に彩られた〝最果てのちょんの間〟。

　今回、潜入してみたが、残念ながらそれら伝説を目の当たりにすることはできなかった。現状を見る限り、残された時間は決して長くはないだろう。土橋のちょんの間は、最後のピンクの灯りが消えるまで、伝説を重ねて営業を続けていくのである。

（Hくんぺい〈風俗マニアライターズ四国支部〉）

【風俗都市伝説の真相に肉薄！】

隠し階の秘密クラブに行ってきた！

〝隠し部屋〟と聞いて、どんなものを思い浮かべるだろうか。

特撮物などに登場する悪の組織のアジトだろうか？　それとも刑事ドラマなどに出てくる犯罪組織の監禁部屋や、薬物の取引所といった組織犯罪の現場だろうか？

いずれにしても隠し階は一般人とは無縁の場所というイメージがある。普通に暮らしていれば、まず出会うものではないだろう。

だが、隠し階は実はけっこう普通に存在していたりするのである。

●繁華街に潜む〝秘密の階〟を持つビル

もっとも、それを見つけるのは容易ではない。かなりの注意深さが必要になってくる。なぜなら「隠し階は見えているが、見えていない」からである。なにやら禅問答のようになってしまったが、カラクリを明かせば簡単だ。たとえば、外からその建物を見ると10階建てになっている。しかし、その建物のエレベーターの階数表示はなぜか9階までしかない。つまり最上階の10階に隠し部屋があるというケースである。そういった雑居ビルが新宿・歌舞伎町や六本木、池袋といった東京の繁華街にはいくつも存在しているのである。

繁華街の雑居ビルというと、入っている店舗はキャバクラなどの飲食店や派遣型風俗（ホテルヘルス）の受付などさまざまだ。まさに雑居しているわけだが、そこに紛れて隠し部屋で営業している店がある。表向きは会員制のバーになっていることが多い……などと書くと、まるで都市伝説のようではあるが……しかし、現実として存在するのだ。

隠し階の秘密クラブは繁華街に存在する

●謎の会員制クラブ

なぜ、そこまで言い切れるのか？　それは筆者自身が隠し階の秘密クラブに潜入したことがあるからだ。

初めてそのクラブを訪れたのは、筆者が21歳前後のこと。本書では何度か触れたが、当時、筆者は学生でありながらアルバイト的に放送作家の見習いをしていた。そのおかげで先輩の売れっ子放送作家や業界関係者に連れられ、20歳そこそこの年齢の割には不相応な高級店（風俗店も含めて）に出入りしていた。その中のひとつに隠れ部屋式の秘密クラブがあったのだ。場所は……詳細に記すと問題が生じるので、都内の某繁華街の雑居ビルとしておく。

きっかけはとある番組で知り合った、新宿区にある某放送局のプロデューサーだった。

「キミも社会勉強したほうがいいから」

よくわからない理由でタクシーに乗せられ、某繁華街へと向かった。きっと銀座の高級クラブだろう。当初はそう思っていたが、進行方向が違う。

たどり着いたのは、繁華街の人通りが多い場所に建つ、何の変哲もない雑居ビルだった。案内板を見ると、飲食店や界隈で働く女性が出勤前に利用する美容室やネイルサロン、そして風俗の受付などがランダムに入居している。しかし、夕方の早い時間だったこともあり、いずれの店も営業前で、館内は不気味なほどに薄暗い。

エレベータに乗り込み、最上階のボタンを押す。エレベータを下りて、廊下を少し歩くとドアがあった。

「ここは会員制なんだ。くれぐれも口外禁止で頼むよ」

ドアをノックすると、中からスーツ姿のスキンヘッドの黒人男性が出てきた。プロデューサー氏が私を指さし「マイフレンド」と言うと、黒人男性は顎を回し、「中に入れ」という仕草をした。

店の内部は、いわゆる高級クラブのような内装になっていた。早い時間ということもあって客が誰もいない。が、なぜか人がいる気配はするのだ。

プロデューサー氏は席にはつかず壁の方に進んでいった。不思議なことに、この店の壁にはいくつかドアが設置されていた。トイレにしては数が多すぎので、個室かなにかがあるのだろうか。プロデューサー氏はそのうちのひとつのドアを指さして「VIPルームに通してくれ」といった。案内役の黒人男性がドアをノックすると、中から別の黒人男性が出てきた。鍛え抜かれた体つきで、いかにも用心棒といった感じがする。彼は一言、「OK！」と言うと、「早く入れ！」とばかりに手招きをした。

入ると扉の奥には階段があり、上階へとつながっていた。そしてその階段を上がると、もう一つドアがあった。防音対策をしているのか、かなり厚いドアである。中に入ると、少し暗めの鏡張りの部屋があり、合わせて十数人の男女が酒を飲んでいた。中にはトップレスの女性もおり、隣の男に胸を触られ、キスを交わしたりしている。さらに卑猥な行動をしている男女もいて、女性に手を引かれて奥へと消えていく男性の姿も……。

「時には、テーブルの上でしちゃう人もいるけど、この時間帯だとさすがにいないね。人も少ないし」

プロデューサー氏はサラリと呟いた。

筆者はこの時点でようやく「どうやら、ここは会員制の極秘クラブでハプニングバー的な要素を持ち合わせているらしい」と気づいたのであった。

●極上の美女からの誘い

案内されたテーブルに3人のスーツ姿の女性がやってきた。

キャバクラのようにお酒を作ってくれるのだが、プロデューサー氏が慣れた手つきで服の上から胸を揉んだり、服を脱がしたりして、イチャイチャし始めた。そして、そのうちのひとりに「行こうか…」と声をかけて2人で店の奥へ消えていった。

さて、ひとり置き去りにされたかたちの筆者であるが、20歳そこそこの若造であるため、こんな場所でどのように振る舞ったらいいのか、正解がわからない。所在なさげにまごまごしていると、テーブルに残ったトップレス姿の女性（プロデューサー氏にスーツを脱がされていた）が部屋の奥にある扉を指さした。

「気になった女性がいたら、あちらで確かめられてもOKですよ」

なるほど、あそこでコトに及ぶのか……。部屋にいる女性たちはみな恐ろしいほどのハイレベル。いますぐにでも手を取って扉の向こうに連れていきたいが、いかんせん〝相場〟がわからない。こんな店で遊んだら、いったいいくらかかるのか。筆者はつれてこられただけで、懐はＶＩＰには程遠いのである。

結局、筆者に度胸が足りず、女性の誘いをやり過ごしプロデューサー氏が戻ってくるのをひたすら酒を飲んで待った。正直なところ、ビビッてしまい酔うに酔えなかったが、そうするしかなかったのである。

酒を飲んで待っている間、薄暗い店内を見渡すとブラジャー＆パンティーを付けた中年男性が女性に踏まれていた。その顔にどこか見覚えが……と考えたらすぐにわかった。当時、売り出し中の若手の政治家だった。筆者が驚いていると、隣の女性が「気づかれました？ ここは議員の先生だけでなく、有名な芸能人の方もいらっしゃるんですよ」と耳元で囁いた。

そうこうしているうちに、プロデューサー氏が戻ってきた。

「そろそろ行こうか。こういうところは蕎麦屋と同じで、長居するのは格好が悪いんだよ」

帰りのエレベーターで感想を聞かれたので、ひたすら酒を飲んでいたことを告白すると、「なんで別室に行かなかったのか」と驚かれてしまった。そこで素直に〝相場〟がわからなかったと告げると、プロデューサー氏は謝ってきた。

「あ〜、ごめん、説明してなかったね。俺はあの店の会員で、月に決まった額を払っているから他に金はかかからないんだ。キミもタダでやれたんだけどね〜」

後の祭りである。

●秘密クラブは現在も存続している！

その後、何度かその隠し階の秘密クラブへ連れていってもらった。最後に訪れたのは10年前になる。その時を境にプロデューサー氏が部署移動となったため、接点がなくなり訪れる機会もなくなったのだ。ちなみに最後の方になると、入場時には携帯電話の電源を切ったうえで一時没収というルールができていた。時代の流れというやつだろう。もちろん、メモを取るなどの記録行為も御法度であった。

今回、本稿を書くにあたって、10年ぶりにその雑居ビルを訪れてみた。エレベーターの最上階のフロアは、相変わらずほの暗い。久々ということで、店へとつながるドアの場所を失念してしまった筆者。おそらく防犯カメラで見張られていたのだろう。廊下でキョロキョロしていると、少し離れたところにあったドアが開いて、「ナニ？」と黒人男性が顔を出した。

見覚えのある顔だ。10年前とほとんどかわらない。あの店のスタッフだろう。

「メンバー？」

黒人男性が聞いてきたので「ノー」と反射的に答える。

「ソレナラバ、ダメデス。ハヤク、デテイッテ！」

怒鳴るわけではなかったが、凄みのある声で警告された。こうなっては退散するほかない。

会員であるかどうかを聞かれたということは、まだ隠し階の秘密クラブは営業しているのだろう。噂によれば最近は某大手プロダクションのタレントが出入りしていて、自分の性癖を謳歌しているとか。

外観の階数とエレベーターの行先階数が合わない建物……そこには本稿で紹介したような秘密が隠れているのかもしれない。


（子門仁）

気になるコラム③

【いまも記憶に残る斬新なプレイ】

私が愛した思い出の迷店たち

子門　本書のコンセプトは当初、「変わった風俗店巡り」でもありました。

亦滑　だけど、今はデリヘルをはじめとする派遣型が主流だから、昔みたいに内装にこだわった店舗型風俗店って、実に少ないんだよなぁ。

子門　そう、昔はたくさんあった！　と、いうことで、当コラムでは今は亡き思い出の風俗店について触れてみたいと思う。

亦滑　今回、俺、西川口の原稿を担当して現地に行ったけど、すっげぇ懐かしかったんだ。それは、約20年前って、西川口ってNK流でも有名だったけど、イメクラ（イメージクラブ）が多いエリアで一時期、通いまくってたんだよ！

子門　私は西川口といえば思い出すのは亦滑の原稿にも出てきた『夜景デートイメクラ』であるな。暗い部屋の中に観覧車のゴンドラが鎮座していてインパクトがあった。だけど、ゴンドラという狭くて密閉されたスペースだから、すごく蒸れて……（苦笑）。

赤滑 俺はやっぱり、部屋の中に本物の車を入れて、その中でプレイをする店が印象的かなぁ。車って狭いし、カーセ○クスなんてやるもんじゃないって分かった。原田龍○さんもこの店を知ってたらあんな間違えを起こさなかったのにな！

子門 それは関係ないって！　あと、『覗き見寝台列車プレイ』も褒め言葉としての「アホか！」と思いつつ、通ってしまった思い出がある。二段ベッドになっていて、上の段に覗き穴が開いていて、下の段でオナっているキャストさんを見るという。それで、見飽きたらその穴にイチモツを突っ込んで下からしゃぶってもらうという（苦笑）。

寝台列車を使ったプレイとは？（写真はイメージ）

赤滑 寝台列車といえば、20年位前に寝台列車を使った『お泊まりコース』を実施していたデリヘルがあったんだよ。だけど、プレイ代金に加えて電車の往復運賃やキャストさんの拘束費とかお金がかかって、かなり値段が高かったからか、スグに消えちゃったけどね。

子門　そういえば、亦滑の原稿に出てきた桧風呂がある『旅情イメクラ』が気になったのだが……。

亦滑　あぁ、これはね、家庭用の普通のバスタブがあるでしょ、ステンレス製の。あれの外側に桧の木で枠を作ってはめてさ。パッと見は桧風呂っていうね（苦笑）。

子門　なんだ、それ（笑）。まぁ、それも未許可ながらもマンションやビルの一室を使っていた当時のイメージクラブならではのことであるな。そんな未許可店がなくなってから、すなわち派遣型主流の昨今のようになってから印象的な風俗店はある？

亦滑　結局さ、ホテルの部屋とか流動的な場所を利用してのプレイとなると、コスチュームに頼らざるを得なくなっちゃうんだよな。

子門　だから細かいシチュエーションにこだわれなくなるうえに、そのコスチュームも予算の関係かパーティーグッズ的なチープな物を使う店が多いのは遺憾である。

亦滑　御意。なんか興醒めするよね、それは。でも、セーラーム〇ンのコスチュームで「月に代わってお仕置きよ！」って責められるM性感系のデリヘルは好きだったなぁ。

子門　自分の性癖を晒す場所ではないからね。私個人としては『ヤンキーデリヘル』はコンセプトとしておもしろいと思った。特攻服を着たレディース風のキャストさんがやってきて、最初は挨拶ではなくガンを飛ばすという（笑）。それで、オラオラ系な感じで責めてくるんだけど、途中で「気持ちいいですか？」なんて素に戻る瞬間のギャップが絶妙にイロっぽいというか……。この店もすぐになくなってしまったのだけど。

亦滑　ギャップといえば俺は『お嬢様ＳＭ』は萌えて燃えたなぁ。「叩くけどよろしくて？」、「おチンポがギンギンでありますわよ」とか丁寧な言葉づかいなんだ、ボンデージ姿で。

子門　キミ、とことん自分の性癖を披露しているね（苦笑）。

亦滑　俺には「俺は千葉県生まれＭ性感育ち♪」ってテーマソングがあるほどだからね。Ｍ性感といえば以前、『両手に痴女』っていう３Ｐコースで遊んだ時に、痴女同士でケンカが始まってさ。それぞれプレイに自分なりのスタイルがあって、それが相容れなくてマジにケンカになってキャットファイト鑑賞コースになったこともあったなぁ〜（しみじみ）。

子門　本当は思い出になるのではなく、ずっと続いてほしいお店ばかりなんだけどね。だからこそ、プレイは〝聖なる一回性〟ならぬ、〝性なる一回性〟と思って臨みたいものです。

あとがき座談会

本書に掲載するすべての原稿をアップし終えた某月某日、風俗マニアライターズの面々が一堂に集結した（一部メンバーは不参加）。
取材や原稿執筆にあたっての苦労、担当編集者への恨みつらみ、そして読者のみなさまへの感謝の気持ちなどを胸襟を開いて語り合ってもらったが、その中で本書の締めにふさわしい内容もあったため、ここに掲載して、あとがきに代えさせていただきたい。

子門　まずは最後までお読みいただいた読者の皆様、まことにありがとうございました！
一同　ありがとうございました！
子門　なんとか完成に至ったけど……。
赤滑　いや〜、大変だったね、すべての工程が。まず、スポットを決めるところから始まったけど、これを選ぶところからイロイロとね……。（苦笑）
三戸　皆さん、温度差がありますからね。

子門　たとえば「変わっているスポット」といっても、我々にとっては日常的になっているので、ここはつまらないなと思ったとする。その結果、却下となると編集担当のG氏が「それ、面白いじゃないですか！」と言うのである。ちなみに氏は風俗経験値はゼロに近いようで。だから、我々は「そうですか？」みたいな……。

亦滑　あの人、ノーマルだからな！

子門　ノーマルでいいじゃないか（笑）。でも、その風俗やアダルトな世界をあまり知らない人の目こそ、読者がこの本に興味を持っていただくのに必要なことだから、かなり助かったよね。この場を借りて感謝でしょう！

一同　ありがとうございまーす！

亦滑　ただ、ネタが決まっても取材を断られて泣く泣く諦めたスポットもあったよね。たとえば某デートクラブとか……あれはグレーってよりもダークグレーゾーンだった（笑）。

子門　実際に行っても、ありのままを書くと問題が生じるスポットは割愛した次第である。あとはデリバリー合コンとか……。

亦滑　滋養強壮のために○○の肉を食べに行くという企画もあったよな？

子門　それはエロくないから却下であった。あとは本格的な電車ルームがあるイメクラも絵的に映えるから取材したかったのだが、諸般の事情により掲載ができなかった。それは第2弾が発売した時まで温存しておくとしよう。さて、自分が担当したスポットについては何かある？

赤滑　俺は……女装がね……もっとキレイになれると思ってた分、自分自身に萎えたね。次回があるんだったらリベンジしたい！　だから、この本の印税で自分磨きをしますよ。

子門　なんか違くないかね？（苦笑）

三戸　っていうか、自分だけキツイ現場ばかりじゃないですか？　発展場とか聖水プレイとか……パワハラを感じましたが？

赤滑　しょうがねえだろ、キミが一番年下でキャリアも浅いんだから（ニヤニヤ）。

三戸　それがパワハラっていうんです！

赤滑　でも、聖水なんかは俺も通過してきたからね、昔。だからこそ、親愛なる後輩のキミに体験してほしかったわけ（ニヤニヤ）。

子門　四国在住のため電話参加になるけど、Hくんぺい君はどうだった？

H　そやな、土橋やけど本当に子どもの頃から『気になるアソコ』だったから、怖かったけど、いろいろな意味でスッキリできたけん。この機会に感謝しよるよ。

子門　ちなみに大阪在住の河合レン女史も体験取材ができたことを喜んでいたなぁ〜。我々にこのような機会を与えてくださった株式会社彩図社さんには感謝しかありません。

赤滑　よくもまぁ、こんなニッチな企画を許したもんだよな！
子門　感謝しているって後に、そういう言い方するなよ！
三戸　もしも第2弾があるとしたら、次はどのスポットに行きたいですか？
赤滑　テメェはなに、優等生ぶってまとめようとしてるんだ、このヤロー！
三戸　それもパワハラです！
赤滑　あ、そうだ！　第2弾があるんだったら、本格的なオフィスプレイができる風俗店を紹介したいな。たぶん、俺、上手いと思うよ、パワハラプレイ（笑）。
子門　あとは伝説のバイブ職人とかの取材をしたいな。いるかどうか分からないが……。
赤滑　アダルト業界の裏方さんには、もっとスポットを当てたかったかな。
子門　なるほどね～。と、いうわけで最後の最後になりますが……。
一同　読んでくださった皆様、ありがとうございました！

■ 著者紹介
風俗マニアライターズ（ふうぞくまにあらいたーず）
2005年頃より主宰の子門仁（しもん・じん）と四国在住のＨくんぺいの２人で活動スタート。そこに亦滑訓仁（またなめ・のりひと）、河合レン（かわい・れん）、三戸玲（みと・れい）といった面々が参加。関東を中心にネットワークを駆使して全国の風俗店の情報を各媒体に執筆する風俗・アダルトカルチャー専門ライター集団として活動中。「風俗はルールを守ってこそ楽しい！」をポリシーにスタンダードからマニアックまで、あらゆる風俗店が取材対象になっている。通称F.M.W。Twitterアカウントは@fuuzoku_m_write

気になる「アソコ」に行ってきた！

2019年10月10日 第1刷

編　者　風俗マニアライターズ

発行人　山田有司

発行所　株式会社　彩図社
東京都豊島区南大塚3-24-4
ＭＴビル　〒170-0005
TEL:03-5985-8213　FAX:03-5985-8224
https://www.saiz.co.jp
https://twitter.com/saiz_sha

印刷所　新灯印刷株式会社

ISBN978-4-8013-0400-0 C0195